KB028226

뭉우리돌의 바다

뭉우리돌의 바다

국외독립운동 이야기

인도·멕시코·쿠바·미국 편

김동우 글·사진

수오서재

일러두기

1. 독립기념관 국외독립운동사적지 정보를 기본으로 취재했고, 단행본, 논문, 국내외 기사 등 다양한 자료를 참고했다. 자료별로 사건의 날짜가 다를 때는 가급적 년, 월까지만 표기했다.
2. 글의 전개상 '님', '선생님', '옹' 등의 호칭과 도산 등의 '호'는 생략을 원칙으로 했다. 단, 생존 인물은 예외로 했다.
3. 인물의 생몰 연대는 필요한 경우에만 적었다.
4. 외래어 표기법을 따르되, 글의 흐름상 현지 발음이 자연스러울 경우 예외로 했다.
5. 지역별로 한국인을 칭하는 단어가 다양해 '한인'으로 통칭했다.
6. 1919년 3월 1일부터 국내외로 확산된 평화 만세 항거의 공식 명칭은 '3·1운동'이다. 이 책에선 이 투쟁의 민족사적 의미를 운동으로 평가절하하는 잘못을 바로잡고자 3·1혁명으로 표기했음을 밝힌다.

차례

3 ___ 쿠바 CUBA

4 ___ 미국 AMERICA

서문 실패했지만 포기하지 않았던 역사

사진을 공부할수록 나만의 주제를 장시간 찍어보고 싶었다. 때마침 잠자던 방랑벽도 슬슬 도질 기미를 보였다. 결국 내 인생 두 번째 세계일주를 떠나기로 마음먹는다. 한 번 해봤던 긴 여정이었다. 분명한 건 전혀 알 수 없는 길이라는 사실과 예상치 못한 만남이 기다리고 있다는 것쯤. 과정도 종착지도 모두 불확실한 길, 기대와 불안이 뒤섞인 카운트다운이 시작됐다.

온전히 사진을 위한 여행, 길 위에서 질문을 던지고 답을 얻고 또 질문을 던져보고 싶었다. 인생은 답을 찾아가는 과정이 아닌, 질문을 찾아가는 과정이란 생각 때문이다.

이 길도 내겐 또 하나의 질문이었다. 답은 쉬 찾아지지 않았다. 무엇을 찍을지 막연했고 해낼 수 있을지 확신도 없었다. 포기하지 않았던 건 고민뿐이었다. 결국 그 끝에서 우리의 독립운동사를 만나게 된다. 운명이었을까, 우연이었을까. 인도 델리 레드 포트가 우리 독립운동사의 한 페이지를 장식한 곳이란 걸 알게 된다. 관점이 바뀌는 순간이었다. 여행에서 발견한 가장 놀라운 우리 역사였다.

송두리째 계획을 변경했다. 전 세계에 산재해 있는 국외 독립운동사적지를 찾아다니는 예상하지 못한 여정이었다. 2017년 인도에서 시작된 작업이 멕시코, 쿠바, 미국, 네덜란드, 러시아, 카자흐스탄, 우즈베키스탄, 중국, 일본 등으로 이어지며 10개국까지 확장됐다.

현장마다 독립운동가 후손을 수소문했다. 100여 년 전 고향을 떠난 조상들의 후예는 결코 낯선 이들이 아니었다. 이따금 똑같은 얼굴을 하고 나타나 평소 집에서 먹던 음식을 내왔다. 그렇다고 말이 통하는 것도 아니었다. 간혹 우리말 한 마디 정도를 더듬더듬 내뱉을 뿐이었다. 우린 이 사람들을 고려인이라고 부르기도 하고 꼬레아노라고 칭하기도 한다.

미국, 멕시코 이민 배에 올랐던 디아스포라 1세대 대부분은 고향 땅을 다시 밟지 못한다. 그래서였을까. 당신들의 곤곤한 형편을 알았기에 사무치는 그리움만큼이나 이 땅을 잊지 않기 위해 몸부림친다. 그들의 디아스포라는 곧 독립운동의 역사가 된다. 그 흔적들을 하나씩 짚어가다 보면 갑자기 눈물이 핑 돌 만큼 가슴이 아린다. 애잔하고 절절한 가난과 핍박의 역사는 이 나라의 반석이 무엇인지 소리 없이 증거하고 있었다.

현장에서 가장 많이 마주한 풍경은 공空이었다. 아무것도 아닌 것 같은 공간, 그렇다고 허투루 볼 수 없는 공, 거기에는 분명 보이지 않지만 가슴으로 느낄 수 있는 무엇인가가 있었다. 실존했으나 실재하지 않는 모습을 어떻게 해서든 담아내고 싶었다. 비록 그 현장 이야기를 사진 미학적으로 다 풀어내지 못한들, 잠시 그곳을 서성였단 자체로 내겐 큰 의미였다. 이젠 너무 멀리 와버려 누가 가르쳐주지 않으면 아무것도 읽어낼 수 없는 공간, 매번 '늦어, 미안합니다'란 자책을 하게 했던 시간들.

조상들의 역사는 실패했다. 나라를 빼앗겼고 백성들을 보살피지 못했다. 눈은 어두웠고 귀는 닫혀 있었다. 순응하는 편이 여러모로 쉬웠다. 친일은 난분분한 꽃길이었다. 침략자를 위한 부역은 눈앞의 이익을 가장 빨리 실현시켜주는 방법이었다. 그리고 매국노의 반대편에 섰던 사람들. 항일은 가시밭길이었다. 부끄러운 역사를 남길 수 없다고 생각한 사람들의 투쟁은 제각각이었다. 그럼에도 최소한 목적지는 하나였다. 때론 가족이 잡혀가고, 동지가 죽어 나갔다. 결국엔 본인 자신도 피비린내 진동하는 지하 감옥에서 감내하기 힘든 고통에 비명을 질러야 했다. 그럼에도 그들은 연옥煉獄에 들어앉은 수행자처럼 고행을 포기하지 않았다.

그동안 우린 이런 역사의 실체를 제대로 인식하지 못하고 살아온 것만 같다. 길었던 외면은 불과 100여 년밖에 안

된 찬란한 투쟁의 대서사시를 서서히 좀먹어가는 중이다. 무관심은 그런 거다.

고백하건대 나 스스로도 잘 알지 못했던 역사였고, 알려고 하지 않았던 시간을 살았다. 하지만 누군가는 전 세계에 보석처럼 박혀 민족의 등불이 된 현장을 제대로 기록해야만 한다고 생각했다. 역사는 기록할 때 역사가 될 수 있지 않나. 표지판 하나 없는 사적지, 이력 하나 쓰여 있지 않은 비석, 무덤조차 쓰지 못한 수많은 무명 투사들 그리고 그곳에서 뿌리를 이어가는 후손들, 이 모두가 교과서 밖에서 마주한 역사다.

카메라를 들고 동분서주했던 이유는 다른 게 아니다. 바로 현장만이 줄 수 있는 울림 때문이었다. 때론 그 진동과 떨림이 땅을 치며 우린 왜 이것밖에 안 될까, 하고 한탄을 하게 만들지만, 그래도 괜찮다. 그들이 있어 내가 있으니.

우린 모두 실패했으나 포기하지 않았던 조상들에게 빚을 지고 있다. 그 부채를 갚기 위해서라도 잃어버렸던 역사를 톺아보고 오롯이 기억해야 한다. 그것이야말로 대한민국 국민 모두가 마땅히 해야만 하는 '21세기 독립운동'이자 '대한이 사는 길'이다.

다큐멘터리 사진가

김동우

고백하건대

나 스스로도 잘 알지 못했던 역사였고,

알려고 하지 않았던 시간을 살았다.

하지만 누군가는 전 세계에 보석처럼 박혀

민족의 등불이 된 현장을

제대로 기록해야만 한다고 생각했다.

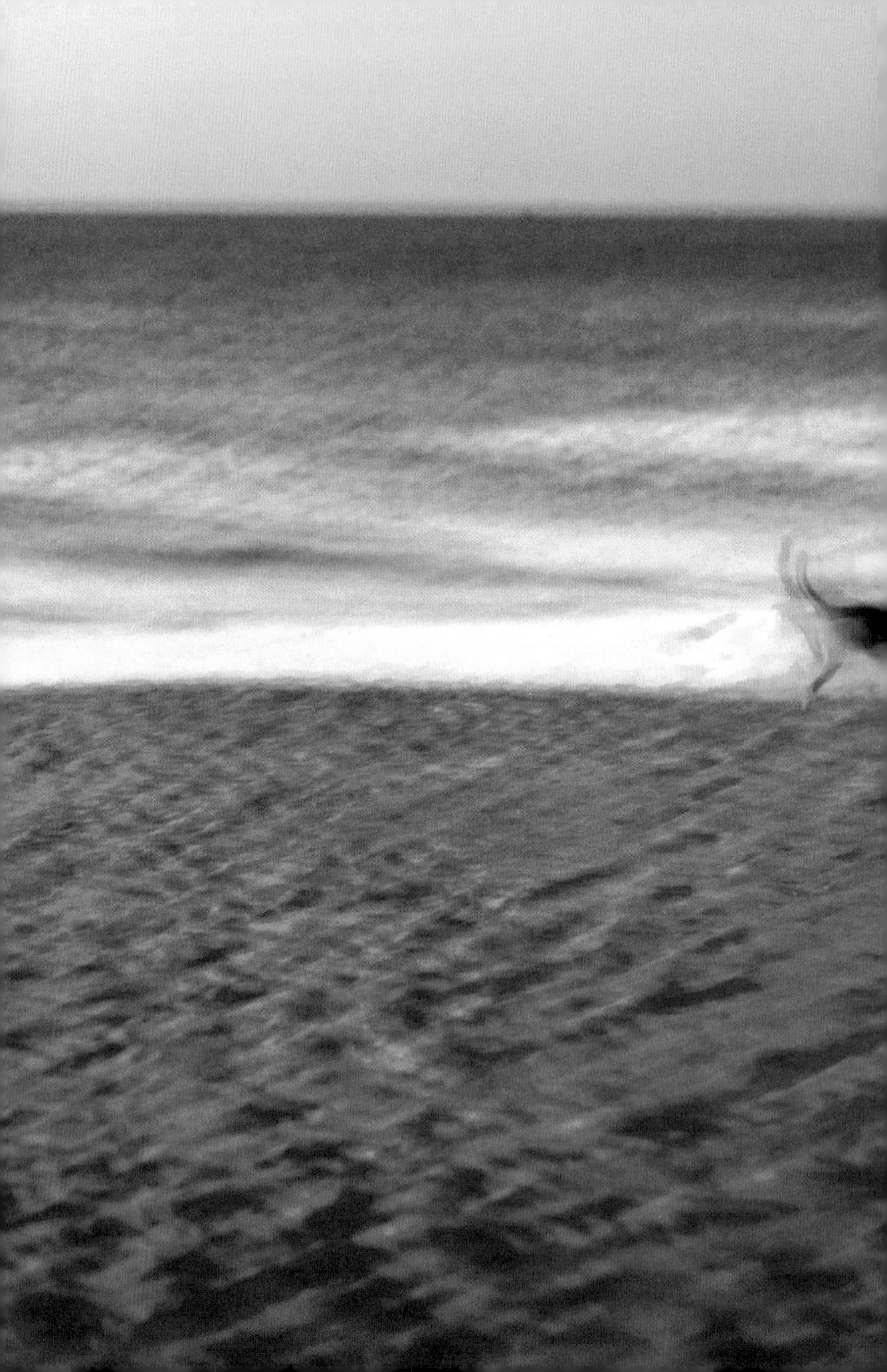

역사는 기록할 때 역사가 될 수 있지 않나.

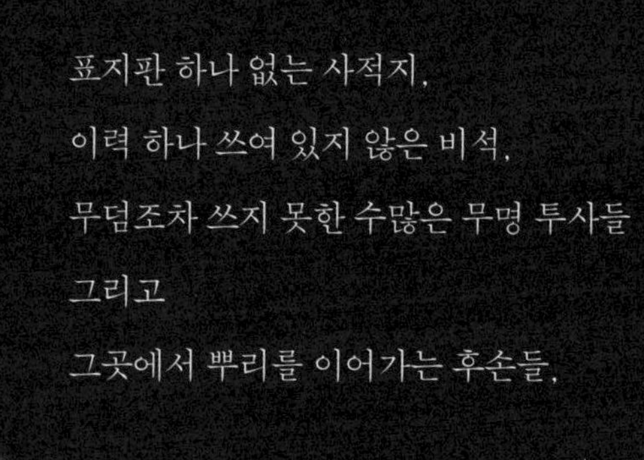

표지판 하나 없는 사적지,

이력 하나 쓰여 있지 않은 비석,

무덤조차 쓰지 못한 수많은 무명 투사들

그리고

그곳에서 뿌리를 이어가는 후손들,

이 모두가 교과서 밖에서 마주한 역사다.

1

인도

INDIA

인도 서문

두 왕조의 비슷했던 최후

무굴제국의 안정과 번영을 이룬 5대 황제 샤 자한Shah Jahan. 그는 자신의 아내 뭄타즈 마할의 무덤을 만든 사람으로 더 잘 알려져 있다. 맞다. 인도에서 가장 아름다운, 아니 전 세계 무덤 중 가장 크고 미적이라 해도 과언이 아닌 '타지마할'이 바로 그의 작품이다. 이 무덤은 1653년 완공됐는데 건설 기간만 22년이 걸렸다. 샤 자한이 얼마나 아내를 사랑했는지 알 수 있는 대목이다.

그가 왕위에 있을 당시 무굴제국은 최전성기를 보내고 있었다. 그는 1648년 델리에 붉은 사암으로 만든 '레드 포트Red Fort'를 완공하기도 했다. 아이러니하게도 레드 포트는 이 왕조의 마지막 궁성이 된다.

이 성에서 가장 관심을 끈 건, 무굴제국의 마지막 황제 바하두르

인도 아그라 타지마할

샤 2세(Bahadur Shah II, 1775~1862)가 1847년 건립한 '자파르 마할 Zafar Mahal'이었다. 자파르는 '승리'란 뜻의 그의 필명이기도 했다.

바하두르 샤 2세는 1837년 왕위에 오른다. 그의 나이 62세 때 일이다. 영국인들은 기다렸다는 듯 황제의 권한을 모조리 빼앗아 버린다. 그는 자파르 마할에서 자신이 가장 좋아했던 시 짓기로 엄혹하고 잔인한 시간을 견딘다. 힘없는 황제는 호시탐탐 나라를 집어삼키려는 영국인들의 눈치를 살피며 이곳에서 얼마나 많은 밤을 지새웠을까.

1857년 영국 동인도 회사에 불만을 품은 인도인 용병 세포이들이 항쟁을 준비한다. 이들은 무굴제국의 수도이자 황제가 머물고 있는 델리를 장악한 뒤, 레드 포트의 영국군을 쫓아내고 바하두르 샤 2세를 지도자로 추대한다. 역사는 이 사건을 인도의 독립운동 '세포이 항쟁Sepoy Mutiny'으로 기록하고 있다.

그러나 영국군은 신식 무기를 앞세워 4개월 만에 이들을 제압하고 인도를 직접 통치하기 시작한다. 바하두르 샤 2세는 달구지에 태워져 버마(미얀마) 양곤으로 추방된다. 그는 그곳에서 5년을 버티다 1862년 외롭게 죽음을 맞는다. 300여 년을 이어온 무굴제국의 초라했던 마지막 모습이었다.

영국인들은 작은 비석조차 없이 숨기듯 그의 시신을 매장해버린다. 무굴제국의 마지막 황제는 서서히 사람들의 기억 속에서 지워져 간다. 어느새 그가 어디에 묻혔는지 알 수 없는 세상이 도둑처럼 와 버린다. 그러던 1991년 공사 도중 우연히 그의 무덤이 발견된다. 바하두르 샤 2세가 죽은 지 129년 만의 일이었다. 그는 아직도 고향에 돌아가지 못한 채 양곤에 잠들어 있다.

어딘가 모르게 100여 년 전 한반도에 살았던 그 누구의 이야기와 퍽 닮은 듯하지 않나.

델리 레드 포트

인도에 간 한국광복군

델리 레드 포트는 2차 세계대전 당시 주인도 영국군 총사령부(이하 영국군) 주둔지로 사용되던 곳이다. 우리에겐 한국광복군 '인면전구 공작대印緬戰區工作隊' 활동지로 의미가 크다. 인면印緬은 인도와 버마를 뜻하고 전구戰區는 전투 지역을 말한다. 이를 이어 붙이면 인도 버마 전투 지역에 파견된 공작대가 된다. 인도에 간 광복군, 좀 생소한 이야기지 않나. 그들은 누구였고 어떻게 인도까지 가게 된 걸까.

1942년 가을, 영국군은 김원봉이 이끄는 민족혁명당과 접촉한다. 공작원 파견이 논의된다. 최성오, 주세민 등 두 명의 대원이 먼저 인도, 버마 전선에 파견된다. 아마도 그들의 성과가 나쁘지 않았던 모양이다. 한 달 남짓한 짧은 활동 기간에도 불구하고 영국군은 더 많은 인원을 요청해온다. 이에 김원봉과 콜린 맥켄지Colin MacKenzie 영국군 사령관은 1943년 5월 '조선민족군선전연락대 파견에 관한 협정'을 체결한다. 이 협정에 따라 민족혁명당과 영국군은 일본군 포로를 신문하고, 대적對敵 선무 방송(심리전의 한 형태로 보통 군사작전을 지원할 목적으로 작전 전후 실시하는 선전 방송을 일컫는다)으로 적군을 회유하는 등의 특수전을 펼쳐나가기로 한다. 요즘으로 치면 심리전단 활동에 관한 내용이었다. 한인 병력들은 일본인과 겉모습이 비슷할 뿐만 아니라 일본어에 능했다. 무엇보다 정신적으로도 잘 무장돼 있었다. 일본군과 치열하게 공방전을 벌이고 있던 영국군에겐 없어선 안 될 병력이었다.

협정 체결 이후 실제 공작대 파견은 한국광복군 총사령부를 통해 이뤄진다. 이때쯤 김원봉이 이끄는 조선의용대가 광복군 제1지대로 편입됐기 때문이다. 당시 한국광복군을 지휘 통솔하던 중국군사위원회 또한 이 문제를 임시정부 내에서 처리해주길 원했다. 광복군 총사령부는 곧바로 공작대 선발에 나선다. 신체조건은 물론이고 일본어와 영어 등 어학능력이 뛰어난 최정예이어야만 했다. 그렇게 공작대 대장에 한지성, 부대장에 문응국이 임명되고 김상준, 김성호, 나동규, 박영진, 송철, 이영수, 최봉진 등 총 아홉 명이 1943년 8월 중국 충칭을 떠나 인도로 향한다. 그들은 레드 포트와 콜카타 등에서 1943년 연말까지 3개월간 선무 방송, 전단 작성, 문서 번역, 암호해독 등을 체계적으로 훈련받는다.

이 과정에서 에피소드가 하나 만들어진다. 당시 인면전구공작대 대원들은 훈련의 일환으로 영어 교육을 받게 되는데 교육장은 델리에서 남쪽으로 17킬로미터 떨어진 가지아바드Ghaziabad 인그라함 학교였다. 유일하게 레드 포트가 아닌 곳에서의 훈련이었다. 공작 대원들은 여기서 뜻밖의 인연을 만나게 된다. 당시 인그라함 학교 교장은 미국인 프랭크 윌리엄스Frank E. C. Williams였는데 그는 1906년 충청남도 공주에 영명학교를 설립하는 등 35년간 한반도에서 선교사로 활동했던 사람이었다. 영명학교는 유관순 열사의 모교이기도 하다. 한마디로 윌리엄스는 파란 눈의 한국인이었다.

끔찍이 한국을 사랑했던 윌리엄스는 1940년 11월 일제에 의해 강제 추방된다. 그리고 일본 고베를 거쳐 인도로 향한다. 교육 사업을 계속 이어나가겠단 뜻이었다. 그런데 인도에서 한국광복군을 만났으니 이 얼마나 극적인가. 우리말이 유창한 미국인 감리교회 선교사와 인면전구공작대의 첫 만남은 얼마나 기쁘고, 반가운 순간이었을까. 그들은 혹시 서로를 부둥켜안고 눈물을 흘리진 않았을까.

전장에서 찾은 명분

훈련을 마친 인면전구공작대는 인도 동쪽 끝 임팔Impal 전선에 투입돼 버마 탈환 작전 등에 참여한다. 임팔은 남쪽으로 방글라데시, 동쪽으로 버마와 국경을 맞대고 있는 마니푸르Manipur 주의 주도로 2차 세계대전 당시 영국군 제4군단 사령부가 있던 곳이다. 특히 1944년 3월부터 7월까지 영국군과 일본군 사이에서 밀고 밀리는 치열했던 '임팔대회전'의 최전선이기도 했다. 이 전투는 2차 세계대전 아시아 태평양 지역의 승패를 가르는 매우 중요한 분수령이었다. 당시 영국군은 버마를 점령한 뒤 중국군과 함께 공동전선을 구축하려고 했다. 일본군은 이걸 막고 인도로 진출하려는 상황이었다. 이 치열했던 전투에서 인면전구공작대는 최전선 임팔 등에 분산 배치돼 각종 심리전 등을 전담한다.

공작 대원 중 일부는 영국군 제17사단을 따라 버마 티딤Teddim 지역까지 진격해 들어간다. 그러자 일본군 33사단이 거세게 포위 공격을 퍼붓는다. 일본군은 이 전투에서 두 개 연대를 동원했는데 그중 한 개 연대는 영국군의 배후를 차단케 하고, 다른 한 개 연대는 측면을 공격하는 고립 작전을 구사한다.

영국군은 예상치 못한 공격에 당황하며 악전고투하게 된다. 상황은 계속 악화됐다. 3월 13일 전원 철수 명령이 하달된다. 일단 임팔로 퇴각해 전열을 정비하란 명령이었다. 그런데 어디로 후퇴를 해야 할지 판단을 할 수 없게 된다. 퇴로가 차단된 것으로 본 것이다. 자칫 부대를 잘못 움직였다간 큰 피해를 입을 수 있는 위험한 순간이었다. 영국군 17사단은 전진도 후진도 못하는 독 안에 든 생쥐 꼴이 돼버린다.

이때 인면전구공작대 문응국 부대장이 혜성처럼 등장한다. 그는 노획한 일본군 작전 문서 등을 세밀히 판독하고, 포로 심문 등을 통해 일본군 병력 배치 상황을 정확하게 간파한다. 문 부대장의 분석대로라면 일본군 포위 병력은 예상보다 적어야 맞았다. 정보 분석 결과가 사단장에게 즉각 보고된다. 곧바로 철수 방향이 하달된다. 17사단은 조심스럽게 포위망을 뚫고 티딤에서 임팔까지 180킬로미터를 퇴각해 4월 2일 전원 무사 귀환한다. 이 직후 영국군 사단장이 직접 문 부대장을 찾아 노고를 치하한다.

활약은 여기에 그치지 않는다. 대적 선무 방송을 펼치는 과정에서 일본군 장교 등 30여 명이 귀순했단 내용도 있다. 이로 미뤄볼 때 인면전구공작대의 심리전 수준이 상당히 높았던 것으로 보인다. 또 일본군으로 싸우고 있던 한인 포로 100여 명을 별도로 수용, 이들에게 특수전 훈련을 시켰다는 이야기도 전해진다. 이런 인면전구공작대 활약에 힘입어 영국군은 1945년 5월 버마 양곤을 탈환한다. 그 직후 인면전구공작대는 인도로 돌아간다. 얼마 뒤 고대하던 해방이 찾아온다. 영국군은 대원들이 남아주길 바란다. 전쟁은 끝났지만 일본군 포로 처리 문제가 남았기 때문이다.

하지만 이들은 임시정부 내에서도 할 일이 많았다. 무엇보다 해방된 조국으로 돌아가는 일이 시급했다. 그렇게 인면전구공작대는 2년간의 임무를 마치고 1945년 9월 10일 중국 충칭 한국광복군 총사령부로 모두 무사히 복귀한다.

왜 임시정부는 그 먼 인도까지 광복군을 보냈던 걸까. 이유는 2차 세계대전 참전국 지위에 있다. 연합군 편에서 전쟁에 참여하고 이를 인정받는 건, 전후 강대국들에게 자주독립을 강력하게 요구할 수 있는 카드였다. 인면전구공작대는 참전국 지위를 얻기 위한 강력한 명분이었다. 임시정부는 혼란스러운 국제 정세 속에서 독립에 필요한 일이면 무엇이든 하려고 했다. 인면전구공작대는 이런 노력의 산물인 셈이다.

한지성,
비운의 독립운동가

2020년은 인면전구공작대와 관련해 아주 의미 있는 한 해였다.

우리 정부는 광복 75주년을 맞아 영국군과 공작대 사이를 오가던 캐나다 출신 연락장교(대위) 롤런드 베이컨Roland Bacon에게 건국훈장 애족장을 추서한다. 베이컨 대위는 1931년 캐나다 선교사의 딸 펄 맥래Pearl MacRae와 결혼 후, 10년간 우리 땅에서 감리교회 선교사로 활동한다. 그러다 1941년 추방돼 가족과 함께 인도로 이주한다. 베이컨 대위는 1943년 10월 인도 주재 영국군 장교로 SOE(Special Operation Executive, 윈스턴 처칠의 기밀 조직이라 불린 특수부대이자 첩보조직)에 소속돼 인면전구공작대 연락업무를 담당하며 대적 선무 공작과 문서 번역 등을 지원한다. 베이컨 대위는 선교 활동 덕분에 우리말이 유창했다. 인면전구공작대에게 이보다 좋은 파트너는 없었다. 가슴 아프게도 그는 1945년 3월 13일 버마에서 전사한다.

그럼 우리 정부는 인면전구공작대 대원들에게 독립유공자 서훈을 했을까. 결론부터 말하면 전부는 아니다. 공작대 대장 한지성이 아직 서훈을 받지 못한 대표 사례다. 영국군 연락장교까지 우리나라 독립운동 유공자가 되는 마당에 뭔가 앞뒤가 잘 안 맞는 느낌이지 않나. 왜 이런 상황이 됐을까.

경북 성주 출신 한지성은 광주학생항일운동 이후 중국으로 망명해 독립운동을 전개해나간다. 그러던 중 김원봉이 이끄는 조선의용대에 들어가게 되고 1939년 말 선전주임 등을 맡는다. 1941년 5월에는 외교주임이 된다. 조선의용대는 창립 초부터 주변 세력과 연대를 중요하게 생각했다. 1939년 이후 일제가 동남아로 세력 확장을 서두르자 약소민족과 연대해 항일투쟁을 추진해가는데, 이 과정에서 한지성이 동남아에 파견되기도 한다.

1942년 10월, 민족혁명당이 임시정부 활동에 본격 참여하게 되고, 이때 한지성은 김원봉, 김상덕, 이정호 등과 함께 경상도 지역 임시의정원 의원으로 선출된다. 1943년 4월에는 임시정부 선전부 총무과 과장, 선전부 편집과 과원, 선전부 선전위원 등을 겸임한다. 또 조선의용대가 광복군 제1지대로 편성되자 정훈政訓조로도 활동한다. 그러다 1943년 8월 인면전구공작대 대장으로 인도 땅을 밟게 된다.

한지성은 영국군이 아홉 명의 대원 이외에 추가 인원을 요청하자

1944년 12월 인도에서 중경으로 날아가 임시정부와 이 문제를 논의한다. 이때 안중근의 둘째 동생 안공근의 차녀 안금생과 결혼한다. 그렇게 한지성은 안중근의 조카사위가 된다. 안중근의 첫째 동생 안정근의 장녀 안미생이 김구의 장남 김인과 혼인했기 때문에 한지성은 김구와도 혼맥으로 연결된다. 그는 달콤했을 신혼을 뒤로하고 1945년 3월 충칭에서 다시 인도로 돌아간 것으로 추정된다.

해방 이후 한지성은 1946년 민주주의 민족전선 상임위원, 민족혁명당 중앙집행위원을 역임한다. 1947년에는 인민공화당 서울시 지부장 등을 지낸다. 인민공화당은 의열단과 조선의용대를 이끌던 김원봉의 조직이다. 이때쯤 한지성은 월북을 선택한다. 그는 1948년 황해도 해주에서 개최된 제1기 최고 인민회에서 대의원으로 선출된다. 6·25가 터지고 북한군이 남하하자 서울 인민위원회 부위원장에 선임된다. 전쟁 이후엔 조소朝蘇 친선협회 부위원장 등으로 활동하다 1958년 말 공직에서 쫓겨난다.

조선의용대로 중국 땅을 누비다 광복군 대장으로 멀리 인도까지 날아간 사람 그리고 북한에서 숙청당한 비운의 독립운동가, 분단이 낳은 비극의 주인공 한지성. 이 이야기를 좇아가다 보니 마치 아직까지 서훈을 받지 못한 또 한 명의 김원봉을 보는 것만 같다. 이젠 만성이 돼버려 잘 느껴지지도 않는 침잠한 슬픔들….

인도에서 우연찮게 인면전구공작대 이야기를 찾아보고 머리털이 쭈뼛 섰다. 인도라니, 그것도 우리 독립운동사라니, 처음엔 잘 믿어

지지가 않았다. 무지를 책망했고 동시에 자랑스러운 우리 역사에 자긍심이 솟았다. 보통 여행에선 전혀 느껴 보지 못한 감정들이었다. 레드 포트의 고목 하나, 허물어져 가는 건물 하나, 현지인들의 표정 하나까지 모든 게 다르게 다가왔다.

대원들은 이 빈 성터 어디쯤에 머물렀던 걸까. 거기서 그들은 매일 밤 어떤 별을 보며 고향을 그려보았을까. 지식이 더해지고 관점이 바뀌자 델리의 유명 관광지는 이렇듯 전혀 다른 이야길 하고 있었다. 대원들은 영국의 식민지를 겪은 인도인과 영국군 그리고 자신들을 번갈아 바라보며 과연 무슨 생각을 했을까. 레드 포트는 역사의 모순이자 내 긴 여정의 시작이었다.

델리 레드 포트의 빈 성터

2

멕시코

MEXICO

멕시코 서문

돌아올 수 없던 사람들

내 집에서 남의 싸움을 지켜봐야 했던 시절이 있었다.

19세기 말부터 조선은 열강의 각축장이 돼버린다. 주변국의 헛기침 한 번에도 눈치를 봐야 하는 초라한 처지, 1894년 서해 풍도 앞바다에서 시작된 청·일 전쟁은 조선의 나약함을 잘 보여주는 예다. 급기야 1904년 한반도를 둘러싸고 러·일 전쟁까지 발발한다. 고종은 무기력했고 정쟁만 일삼던 위정자들은 자기 배를 채우기 바빴다.

그러던 중 1905년 4월 제물포에서 상선 한 척이 출항한다. 1,033명의 사람들이 좁은 선실을 가득 채웠다. 누군 부모의 손을 잡고 배에 올랐고, 누군 홀로 선실에 자리를 잡았다. 이들이 향한 곳은 묵서가墨西哥라 불리는 멕시코였다. 그 누구도 어떤 시련이 기다리고 있는지 알지 못했다. 배 안은 눈 뜬 장님들로 가득했다. 아무도 나라를 떠나겠다는 이들에게 관심을 두지 않았고, 이민 브로커가 저지른 불법을 탓하는 사람도 없었다. 신문에 버젓이 광고까지 내며 이민자를 모집하던 이들은 무사히 제물포를 떠나며 아마 야릇한 미소를 지었을 거다.

멕시코에 도착한 한인을 반긴 건 이들을 값싸게 부릴 수 있는 농장주뿐이었다. 말에 올라 그들을 지그시 내려다보던 농장주들은 매의 눈으로 힘이 세고 빠릿빠릿한 사람들을 하나둘씩 골랐다. 더러는 가족끼리 생이별을 해야 했다. '인간시장'이 따로 없는 애잔한 풍경이지 않았을까. 뒤늦게 이 선택을 후회해 본들 바꿀 수 있는 게 없었다. 불안한 눈빛으로 주위를 더듬어도 돌아갈 수 없다는 절망만이 눈에 밟혔다. 파라다이스가 펼쳐질 거란 헛된 꿈이 산산조각 나는 순간이었다.

메리다Merida 주변 애니깽(Anniquin, 우리말로 용설란이라고 하는데 높이는 1~2미터이고, 다육질 잎 20~30개가 달린다. 5~6년 지난 잎에서 섬유를 추출한다. 잎은 두껍고 청백색이며 끝과 가장자리에는 날카로운 가시가 있다. 멕시코에서 많이 재배하며 한인들이 애니깽 농장에서 일할 당시에는 선박에서 쓰이는 밧줄의 원료가 됐다. 지금은 주로 술을 빚는 용도로 쓰인다) 농장으로 뿔뿔이 흩어진 한인들은 그렇게 4년간의 계약 노동을 시작한다.

체념한 듯 애니깽을 자르고 날랐다. 한인들에겐 낯설기만 한 일이었다. 날카로운 가시에 찔리고 베여 상처투성이가 되기 십상이었다.

때론 채찍을 드는 농장도 있었다. 하루 일해 식비를 내고 나면 손에 쥐는 건 그리 많지 않았다. 돼지보다 싼 몸값이었고 노예와 비슷한 대우를 받았지만 그래도 살아야 했다. 고향에 돌아가려면. 그 이유야말로 혹독한 농장 생활을 견디게 하는 실낱같은 희망이었다. 그랬던 꿈이 일제에 의해 무참히 짓밟힌다. 그럼에도 이들은 포기가 아닌 분투를 선택한다. 멕시코 땅에 쓰인 우리 독립운동의 시작이었다.

목숨을 건

태평양 횡단

멕시코 이민은 존 마이어스John G. Myers에 의해 불법으로 진행된 일이었다. 이민 브로커였던 그는 멕시코 유카탄 지역 애니깽 농장주 협회 대리인 자격으로 중국과 일본에서 노동 이민자를 모집하려 했다. 하지만 멕시코 이민에 대한 평이 매우 나빠 뜻을 이루지 못하자, 일본 대륙식민회사와 결탁해 대한제국으로 눈을 돌린다.

1904년 8월 대한제국에 들어온 마이어스는 서울, 인천, 부산, 목포, 개성, 평양, 마산 등 전국 11개 지역에 대리점을 설치하고 이민자를 모집한다. 그러면서 1904년 11월부터 1905년 2월까지 〈대한매일신보〉와 〈황성신문〉 등에 10회가 넘게 허위 광고를 게재한다.

북미 묵서가국(멕시코)은 합중국과 이웃한 문명 부강국이니 수토가 아주 좋고 기후도 따뜻하며 온역 등 나쁜 병질이 없다는 것은 세계가 다 아는 바다. 그 나라에는 부자가 많고 가난한 사람이 적어 노동자를 구하기가 극히 어려우므로 근년에 일·청 양국인이 단신 혹은 가족과 함께 건너가 이득을 본 자가 많으니 한국인도 단신이나 혹 가족을 데리고 그곳에 가면 반드시 큰 이득을 볼 것이며 한국과 묵서가국은 통상조약을 체결하지 않았으나 최혜국으로 대우하여 마음대로 왕래하는 데 조금도 지장이 없을 것이다.

〈황성신문〉에 실린 멕시코 이민 광고 일부

이 무렵 사회 분위기는 러·일 전쟁 등으로 뒤숭숭하기만 했다. 설상가상 당시 경제 상황 또한 몹시 좋지 못했다. 백성들은 기근에 시달리며 굶주렸고 나라마저 위태로운 지경이었다. 여기에 하와이 이민에 대한 긍정적 이야기까지 나돌았다. 당시 분위기는 멕시코 이민에 대해 혹세무민하기 쉬웠다. 1,000여 명의 모집 인원은 이런 사회 분위기를 고스란히 반영한 결과로 볼 수 있다.

제물포에서 이민 배에 오른 1,033명의 사람들은 남자가 700여 명, 여자가 130여 명, 아이들이 200여 명 정도였다. 대부분 가족 단위 이민자였다. 독신은 200명 정도였다. 거주지별로는 도시 거주자가 950여 명이었는데 이 중 서울과 인천 출신이 670여 명이었다. 이들은 대부분 농사 경험이 없었다. 신분은 양반, 무당, 내시, 건달, 걸인 등 다양했다. 또 200여 명의 퇴역군인들도 있었는데 이들은 나중에 독립운동의 핵심 역할을 담당한다. 이 밖에도 부랑아로 떠돌던 10여 명의 15세 미만 아이들이 포함돼 있었다. 멕시코 이민은 불법 아동 노동 착취의 사건이기도 했다.

그렇다고 이 이민을 불법이라 딱 잘라 말하기도 어렵다. 왜냐하면 멕시코행 배에 오른 사람들은 엄연히 대한제국 외부 소속 인천 감리가 발행한 집조(일종의 여행권)를 소지하고 있었다. 이를 두고는 마이어스가 외국 공사에 청탁을 하는 등 관리를 매수했단 이야기가 전해진다.

무관심과 외면 속에 1905년 4월 초 1,033명이 제물포에서 영국 상선 '샌 일포드S.S. Ilford' 호에 오른다. 화물 공간을 개조해 만든 비좁은 선실에서 지독한 뱃멀미가 시작됐다. 난생처음 접해보는 고통이었다. 거친 항해에 쪽잠조차 편히 잘 수 없는 시간이었다. 음식은 형편 없었고 위생 환경 또한 좋지 못했다. 생지옥이 따로 없는 풍경이었을 거다. 결국 모진 항해를 견디지 못해 몇몇이 죽음에 이른다. 이들은 검푸른 바다에 수장됐다. 망망대해 한가운데서 가엾고 스산한 곡소리가 바람에 흩날리며 사람들의 마음을 저미게 했을 거다. 힘겨운 항해를 견딘 사람 중엔 태중의 아이도 있었다. 엄마 배 속에 있다 운 좋게 세상 빛을 본 아이는 모두를 기쁘게 했다.

이렇듯 사死는 타인을 울려 슬픔을 퍼트렸고 생生은 자신을 울려 기쁨을 나누게 했다. 삶과 죽음은 마치 동전의 양면처럼 한 몸을 쓰면서 다른 얼굴을 하고 항해를 계속했다.

한인들은 제물포를 떠난 지 40여 일 만에 멕시코 살리나크루스 해변에 도착한다. 지긋지긋한 선실 생활에서 해방되는 순간이었지만 멕시코는 쉽게 그들을 받아주지 않는다. 당시 통역이었던 권병숙에 따르면 한인들은 멕시코 당국이 즉시 하선을 허락하지 않아 4일간 더 배 안에 머물다 음력 4월 10일(양력 5월 13일, 멕시코 현지 5월 12일) 해변에 첫발을 내디딘다. 멕시코 한인 디아스포라의 시작이었다.

그런데 이 통역 권병숙이란 자의 행동이 두고두고 눈살을 찌푸리게 만든다. 권병숙은 을사늑약 오적 가운데 하나였던 권중현(농상공부대신)의 사촌이었는데 서울 미국공사관 통역으로 일한 경력이 있었다. 그의 평판은 그리 좋지 못했다. 사기와 절도 등으로 해고를 당한 적도 있었다. 그는 이민 브로커와 함께 사기나 마찬가지였던 멕시코 이민을 최일선에서 추진해나간다. 자신의 사사스런 과거 때문인지 제물포를 떠나기 전 권유섭에서 권병숙으로 개명까지 한다. 멕시코에선 애니깽 농장주 편에 서, 한인들의 참담한 생활이 고향 땅에 알려지지 않도록 편지를 검열하거나 금지하는 악행을 일삼는다. 이런 자신의 죄 때문인지 그는 2년 뒤 멕시코에서 미국 로스앤젤레스로 가 두문불출하다 황망하게 배에 올라 고향으로 돌아간다. 권병숙은 이 이민의 실체를 알고 있었던 사람일까. 그는 왜 동포들을 사지 아닌 사지로 내모는 데 앞장섰을까.

살리나크루스 해변

국화 한 다발이 바꾼 장면

애니깽의 역사를 찾아 나선 멕시코 일정은 멕시코시티가 그 시작이었다.

여행자의 입장에서 이 도시는 참 매력이 넘친다. 다운타운 중심 소칼로Zocalo 광장 주변에는 다 열거하기도 힘든 박물관과 미술관이 자리 잡고 있다. 특히 디에고 리베라와 프리다 칼로의 러브스토리를 좇아 그들이 남긴 작품을 감상하는 건 이 도시에서 빼놓을 수 없는 즐거움이다. 시선을 조금만 외곽으로 돌리면 신들의 도시로 불리는 테오티우아칸Teotihuacan과 바티칸 다음으로 가톨릭 신자들이 많이 방문한다는 과달루페 성당Basilica de Guadalupe 등이 여행자를 기다린다.

간혹 여행을 하다 보면 무덤이 유명 여행지가 되는 경우가 있다.

대표적으로 아르헨티나 부에노스아이레스 레콜레타 묘역Cementerio de la Recoleta에 잠든 에비타Eva Peron의 묘지가 그랬고, 인도의 타지마할이 그랬다. 또 오스트리아 빈 예술가들의 무덤은 브람스, 요한 슈트라우스, 슈베르트, 베토벤 등을 찾는 관광객으로 연중 붐빈다.

멕시코에도 이런 장소가 있다. 어디까지나 한국인에게만 해당되는 장소이긴 하지만 멕시코시티 외곽 판테온 돌로레스Panteon Civil Dolores에 잠들어 있는 독립운동가 김익주(1873~1955)의 묘지가 그곳이다.

3a-6-B-37 구역, 입구에서 중앙길로 들어가면 B-37번 길로 들어와 후안 알바레스Juan Alvarez 길에서 오른쪽으로 60미터 지점

김익주의 무덤 위치를 설명해놓은 자료는 독립기념관 정보가 유일했다. 공동묘지 정문 앞 로터리를 중심으로 여러 갈래로 나 있는 길 여기저기를 기웃거렸다. 아무리 찾아도 후안 알바레스 길이 보이지 않았다. 무작정 찾는다고 될 일이 아니었다. 한참을 헤매다 묘지 관리인으로 보이는 사람을 만났다. 그는 정반대편을 가리켰다. 다시 공동묘지 정문으로 내려가 관리인이 가르쳐준 방향으로 길을 잡아 나갔다. 여기서부터 '오른쪽으로 60미터'란 단서를 착실히 따라가면 될 일이었다.

길을 따라 좌우 무덤 하나하나를 사진과 대조했다. 정보대로 60미터 정도를 샅샅이 뒤진 듯했다. 그런데 눈을 씻고 찾아봐도 자료 사

진과 비슷해 보이는 무덤이 보이지 않았다. 거리에 오차가 있을 수도 있었다. 다시 길을 따라 올라가며 조금 더 수색 아닌 수색 작업을 벌였다. 그때였다. 비석 가운데 'KIM LEE'란 단어가 또렷이 눈에 들어왔다. 김익주의 무덤이 분명했다. 자세히 보니 자료 사진과 똑같은 모양이었다. 가방을 내려두고 두 손을 모아 절을 올렸다.

화려한 주변 무덤과 극명한 대조를 보이는 꽤나 소박한 묘지. 화병에는 오래전 누군가 꽂아둔 생기 잃은 국화가 고개를 떨구고 있었다. 하얀색이었는지 노란색이었는지조차 알 길 없는 꽃잎은 손대기 무섭게 우수수 마른 잎을 떨구었다. 애석한 풍경이었다. 그냥 이 모습을 두고 볼 수가 없어 길을 돌려 꽃 한 다발을 사들고 왔다. 삼각대를 펼치고 영전 앞에 꽃 한 송이를 꽂고 셔터를 눌렀다. 한 송이, 한 송이 꽃 송이가 늘어날 때마다 셔터를 눌렀다. 누구의 묘지를 이렇듯 많이 찍어본 날이 있기나 했던가.

국화가 화병에 다 꽂히자 적막 속에 빛이 들고 안온함이 퍼져나갔다. 한 송이는 아무것도 아닌 것 같지만 그게 쌓이면 풍경을 바꿀 수 있다. 명明이 생인 까닭이고, 생이 명인 이유다. 관심은 살풍경을 변화시키는 가장 확실한 방법이다. 꽃이 시들기 전 누군가 이 묘지를 방문한다면 분명 그들도 나와 같은 자족감을 느낄 수 있을 거다. 발걸음이 이어진다는 건 기억되고 있다는 의미이자 기억하겠다는 의지이기도 하니 말이다. 분위기가 바뀐 묘지를 둘러보며 다음 사람이 말라비틀어진 갈색 꽃을 보고 적요한 감정에 사로잡히지 않길 소망했다.

문득 멕시코시티에 살고 있다는 김익주의 손자 다빗 킴이 떠올랐다. 그를 만나면 멕시코에서의 독립운동에 대해 조금 더 자세한 이야길 들을 수 있을 것 같았다.

그런데 막상 사람을 찾으려고 보니 앞이 캄캄했다. 한국에서처럼 전화 몇 통으로 될 일이 아니었다. 그래서 처음엔 국외독립운동사적지만 기록할까, 하는 생각도 했었다. 그런데 계속 뒷맛이 개운치가 않았다. 사람이 빠진 다큐멘터리, 풍경만으로 〈인간극장〉을 만드는 느낌 같았다.

안 될 거란 섣부른 예단은 작업을 망치는 가장 빠른 길이다. 일단 할 수 있는 일인지부터 확인해보는 게 순서였다. 그래야 후회도 없다.

먼저 멕시코시티 한인회를 찾아갔다. 어렵사리 한인회 회장을 만났다. 그는 대사관에 연락해보란 말뿐이었다. 구멍가게에서 동전을 바꿔 공중전화기 앞에 섰다. 대사관에 전화를 했다. 다빗 킴의 연락처를 알고 싶다고 했다. 대사관에선 찾는 사람에게 의사를 묻고 다시 연락을 주겠다고 했다.

CONCEPCION PEEK
JOAQUIN KIM LEE
MARIA KIM PEEK
RECUERDO DE TUS
HIJOS NIETOS Y
BISNIETOS

독립운동가 김익주 묘소

중국인 안창호

멕시코시티에서 낭만과 은의 도시 과나후아토Guanajuato를 거쳐 마리아치Mariachi의 고향 과달라하라Guadalajara로 향했다. 이 도시는 멕시코 민속음악을 연주하는 길거리 악사 마리아치가 태동한 곳으로 유명하다. 과거만큼 명성이 높진 않지만 현재도 마리아치 양성 학교가 있을 정도다. 게다가 과달라하라는 테킬라의 본고장으로도 입소문이 나 있다.

도시 분위기는 스페인 식민지 시절 세워진 고풍스러운 건축물이 원형에 가깝게 남아 있어 예스럽고 고즈넉하다. 그래서인지 과달라하라는 오래전부터 '서부의 진주'란 별명으로 불렸다.

특히 이 도시는 멕시코 독립운동의 영웅 미겔 이달고Miguel Hidalgo 신부와 인연이 깊다. 이달고 신부는 1810년 9월 16일 돌로레스(과

나후아토 인근)에서 독립 선포 종을 치는데 이 순간이 멕시코 독립운동의 시작이 된다. 멕시코는 이날을 독립기념일로 삼고 있다. 이달고 신부는 독립 선포 종을 울리고 적군을 피해 과달라하라에 몸을 숨긴다. 그런 인연으로 이 도시에선 멕시코 미술사에서 빼놓을 수 없는 호세 클레멘테 오로스코Jose Clemete Orozco의 걸작 〈일어나라 이달고〉를 감상할 수 있다.

과달라하라 주청사 건물에 그려진 그의 프레스코 벽화는 숨이 멎을 정도로 엄청난 아우라를 뿜낸다. 웅장한 계단 벽 전체를 강렬한 이미지와 색채로 표현한 이 작품은 멕시코 최고의 걸작이라 해도 손색이 없다. 아니, 지금까지 60여 개 나라를 여행하면서 본 그 어떤 예술작품보다 감동적이었다. 〈일어나라 이달고〉는 익숙함에서 낯선 느낌을 끄집어내 자기만의 해석을 가미하는 것, 그것이야말로 예술가들이 해야 할 일이라는 걸 새삼 느끼게 하는 작품이었다. 왜 우리나라 화가들은 독립운동가를 주제로 이런 대작을 남기지 못했을까. 고개를 90도로 꺾고 입을 떡 벌린 채 작품을 감상하는 마음은 아쉬움으로 가득했다.

흥미로운 건 과달라하라가 우리 역사와도 살짝 옷깃을 스친 적 있단 사실이다. 무슨 인연이 있는지 잘 떠오르지 않을 거다. 당연하다. 이런 사실이 밝혀진 건 불과 몇 년밖에 안 된 일이다. 그 인연의 주인공은 안창호다. 그는 왜 멕시코에 갔고 거기서 무슨 일을 한 걸까.

안창호는 멕시코 한인들의 초청을 받고 1917년 10월 12일 샌프

란시스코에서 산호세 호를 타고 21일 멕시코 만사니요Manzanillo 항구에 도착한다. 27일 여섯 명의 한인들이 멕시코시티에 당도한 안창호를 환영한다. 며칠 여독을 푼 그는 동포들이 있는 베라크루스Veracruz, 코아트사코알코스Coatzacoalcos, 프론테라Frontera를 거쳐 11월 말에서 12월초 쯤 메리다에 도착한다. 대한인국민회(Korean National Association, 안창호가 중심이 돼 미국에서 설립한 민족계몽 독립운동 단체) 메리다 지방회는 동포 180여 명이 참석한 가운데 성대한 환영식을 개최한다. 미국을 출발한 지 한 달 반 만의 일이었다.

당시 대한인국민회 총회장이었던 안창호가 멕시코를 방문한 이유는 한인들의 노동문제 해결이 시급했기 때문이다. 현지에서 안창호는 애니깽 농장주와 한인 노동자 사이의 불합리한 관행 등을 개선하려 노력한다. 또 각지에 흩어진 한인들을 찾아다니며 대한인국민회 설립 취지와 목적을 설명하고 독립운동 참여와 지지를 당부한다. 그러면서 교육사업의 중요성을 역설한다. 당시 안창호는 대한인국민회 멕시코연합총사무소 설립이란 큰 그림을 그리고 있었다. 멕시코 각지에 세워진 지방회를 중앙에서 통합 관리하는 방안이었는데 한인들의 경제·교육·규모적 역량이 부족해 당장 계획을 실행할 순 없었다.

안창호는 1918년 5월 26일 메리다에서 석별의 정을 나누고 베라크루스 항에 도착한다. 그리고 마지막 일정으로 6월 3일 탐피코Tampico에 있는 한인들을 찾아 나선다. 그런데 안창호가 미국 로스앤젤레스에 도착한 건 8월 29일이다. 안창호는 멕시코 일정을 거의 다

끝내고 세 달 가까이 어디서 무엇을 했을까. 그 의문의 실마리를 풀 수 있는 곳이 바로 과달라하라다.

1918년 6월 안창호가 멕시코에서 미국으로 돌아가려 할 때다. 멕시코시티 미국 총영사관이 사증(비자) 발급을 거부한다. 대한제국이 일본의 식민지란 이유였다. 당시 안창호는 일제가 발급한 여행권을 갖고 있지 않았다. 그는 대한제국이 식민지가 되기 전 나라를 떠나왔기에 일본 국민이 될 수 없고 고로 일제의 여행권이 필요 없단 주장을 폈쳤다. 끝끝내 사증 발급이 거부된다.

그러자 안창호는 멕시코 제2의 도시 과달라하라로 향한다. 그리고 프란세스 호텔Frances Hotel에 머물며 미국으로 돌아가기 위해 동분서주한다. 하지만 안창호는 과달라하라에서도 뜻을 이루지 못하고 멕시코와 미국 국경 노갈레스Nogales로 가 어렵게 입국 비자를 받는다.

안창호의 고행에 대해 조금 더 살펴보자.

1919년 미국 → 중국

안창호는 4월 2일 샌프란시스코에서 배를 타고 하와이를 경유해 4월 29일 필리핀 마닐라에 도착한다. 그곳에서 2주간 머물며 중국행 배를 기다린다. 그리고 홍콩을 거쳐 5월 25일 상해에 도착한다.

1921년 중국 → 미국(입국 거절)

중국에서 미국행을 재차 시도하는데 또 입국이 거부된다. 안창호는 이때쯤 중국인으로 귀화해 중국 여행권을 취득한 것으로 보인다. 전 세계를 무대로 한 독립운동을 위해 중국인이 되길 마다하지 않은 셈이다.

1924년 중국 → 미국

11월 22일 상해를 출발, 하와이를 거쳐 12월 16일 샌프란시스코에 도착한다. 미국에서 독립운동에 전념한다.

1926년 미국 → 남태평양 → 호주 → 중국

3월 하와이를 거쳐 중국행을 추진하지만 미국 이민국이 이를 거부한다. 안창호는 오스트레일리아로 행선지를 변경한다. 그는 남태평양 팡고팡고Pango Pango 섬, 수바Suva 섬 등을 경유해 3월 23일 시드니에 도착한다. 그리고 4월 14일 브리즈번Brisbane으로 가 배를 타고 4월 22일 홍콩을 거쳐 5월 16일 상해에 도착한다.

그런 뒤 안창호는 만주 등을 오가며 독립운동을 전개하다 1929년 2월 9일부터 3월 30일까지 50여 일간 필리핀 각지를 시찰하고 중국으로 복귀한다. 안창호의 필리핀 방문은 일제의 힘이 미치지 않는 남방 지역에서 한인 집단 거주지를 건설하려는 계획 때문이었다.

1932년 윤봉길 의거 직후 상해에서 안창호가 체포될 당시, 그는 자신은 중국인이라며 체포의 부당성을 항변한다. '중국인 안창호'는 전혀 틀린 말이 아니다. 그에게 돌고 돌아가는 길쯤은 얼마든지 감내할 수 있는 일이었다. 하지만 독립운동을 위해 길목이 막히는 건 두고 볼 수 없는 사람이었다. 형식상 중국인이 되는 것 또한 그의 독립운동이었다.

독립기념관은 지난 2016년 프란세스 호텔이 안창호가 머물던 곳이란 사실을 새롭게 밝혀냈다. 호텔 1층은 널찍한 중정으로 꾸며져 있었다. 분수대 위로 길게 늘어진 멋진 샹들리에가 눈길을 사로잡는 홀에선 흥겨운 마리아치 공연이 펼쳐진다고 했다. 이곳 한쪽 벽면에 안창호의 얼굴이 새겨진 동판이 부착돼 있다. 한글과 스페인어로 병기된 동판 내용은 아래와 같다.

> 도산 안창호 선생이 머문 곳
> 멕시코 과달라하라 프란세스 호텔은 1910년대 해외 한인의 대표기관인 대한인국민회 중앙총회장 도산 안창호(1878~1938) 선생이 1918년 6월 말부터 7월 초까지 숙박한 곳이다. 안창호 선생은 해외 한인사회의 단합과 독립운동 기반을 마련하기 위해, 멕시코 전역을 10개월 동안 순행하고 미국으로 귀환하는 과정에서 이 호텔에 머물렀다.

나무 계단을 올라 하얀 페인트가 깔끔하게 칠해진 복도를 거닐었다. 복도 벽면에는 호텔의 초창기 시절 흑백 사진이 여러 장 걸려 있었다. 사진을 들여다보고 있으면 안창호가 이 호텔에 머물 당시 주변 풍경이 쉬 짐작된다. 삐거덕대는 나무 바닥, 시간이 겹겹이 내려앉은 듯한 창틀 등이 흑백 사진과 어우러지면서 꽤나 복고적 분위기를 연출했다. 복도 벽에 붙은 전등만 아니었다면 100년 전이나 크게 달라진 게 없어 보이는 풍경이었다.

안창호는 이 호텔 어느 방에 묵었던 걸까. 확실한 건 그가 정문으로 들어와 중정을 지나 계단을 오르고 객실로 향했단 사실이다. 한 독립운동가와 한 사진가가 시간을 초월해 공유할 수 있는 가장 확실한 공간이었다. 그는 이 호텔에 머물며 멕시코 순회를 어떻게 복기했을까. 혹시 안창호는 독립의 종을 울리고 몇 달 뒤 처형된 이달고 신부의 이야기를 알고 있었을까. 알았다면 자신의 운명을 어떻게 점치고 있었을까. 호텔 로비에서 그가 올랐을 그 계단을 똑같이 밟으며 이런저런 질문을 과거로 던져본다. 오래된 나무 계단이 곧장 삐거덕대며 알아들을 수 없는 답을 해온다.

샤워가 어두워지자 마리아치가 무대에 오른다. 흥겨운 음악이 호텔 안을 꽉 채운다. 투숙객들이 하나둘 방문을 열고 나와 무대 앞에 자리를 잡는다. 100여 년 전 그도 이 음악을 들었을까. 그와 함께 와인 한 잔을 나누며 음악에 취해 귀엣말을 나누고 싶다. 당신은 총을 들지 않은 영웅이요, 말 없는 민족의 웅변가라고.

EL HOTEL FRANCES
C. LIC. FLAVIO ROMERO DE VELASCO

프란세스 호텔 복도와 계단

220
220

꼬레아노의 시원을 찾아

과달라하라를 다녀왔지만 대사관은 함흥차사였다. 김익주의 후손을 만나볼 수 있냐는 문의를 한 지 일주일이 지나가고 있었다. 한정된 시간과 비용으로 무작정 기다릴 수도 없는 노릇이었다. 역시나 후손 촬영은 쉽지 않은 일이었다. 안 될 거야, 란 섣부른 예단이 이번엔 맞는 모양이었다.

멕시코시티에서 버스로 12시간 이상 떨어져 있는 살리나크루스행 버스에 올랐다. 덜컹이는 버스에서 단잠을 자고 일어나 게슴츠레 눈을 뜨고 메일함을 확인했다. 대사관에서 보낸 메일이 들어와 있었다. 시간이 이렇게 오래 걸린 걸 보니 긍정적 답변은 아닌 것 같았다. 별 기대 없이 메일을 확인했다. 근데 웬걸 다빗 킴이 만나자고 했다는 내용이었다. 일정이 제대로 꼬여버렸다. 버스 좌석에서 몸이

배배 꼬였다. 멕시코시티로 돌아가면, 왔다 갔다 24시간 넘게 꼬박 버스 안에 갇혀 있어야 했다. 촬영을 포기하면 살리나크루스에서 곧장 한인 디아스포라와 독립운동사의 핵심 지역 유카탄 주 메리다로 갈 수 있었다. 고민에 빠졌다.

1905년 5월 1,000여 명의 한인들이 첫발을 내디딘 역사적 장소 살리나크루스. 태평양과 면하고 있는 이 해변 도시는 크게 볼거리가 있는 여행지가 아니다. 더러 파도를 기다리는 서퍼들이 찾을 뿐이다.

버스터미널은 작고 삭막했다. 힐끔힐끔 여행자를 훔쳐보는 은밀한 눈길을 뒤로하고 숙소를 잡고 여장을 풀었다. 곧장 카메라를 챙겨 택시를 잡아탔다. 택시는 Salina Cruz라고 적혀 있는 알록달록한 조형물 앞에 멈춰 섰다. 엽렵한 바람이 부드럽게 이마를 쓸어가며 짭조름한 바다 내음을 실어 왔다. 한눈에 해변이 내려다보이는 장소였다. 멀리 황금색 융단을 깔아놓은 듯한 넓은 해변이 시야를 틔웠다. 해변은 생각보다 큰 규모였다. 먼발치 반려견과 함께 해변을 산책하는 사람들이 보였다. 평화로운 풍경이었다.

해변에 바투 서 멍하니 수평선을 응시했다. 철썩이는 파도는 이 해변에서도 어김없이 하얀 포말을 쉼 없이 만들어내고 있었다. 저 너머에 대한민국이 있었다. 고국의 바다도 분명 이 순간 같은 일을 하고 있을 거다. 하지만 고향과 멕시코의 바다는 너무 다른 이야기를 하고 있었다. 살리나크루스 해변은 멕시코 디아스포라의 시작이자 돌아갈 수 없던 사람들의 비통한 삶의 첫 마디이지 않나.

파라다이스를 찾아왔던 몽매한 한인들은 이 해변에서 뭔가 일이 잘못됐다는 걸 직감했을까. 걱정, 불안, 초조, 후회, 불신 등이 한데 섞인 회한이 그들의 마음을 휘감지 않았을까. 이 바다를 보며 너무 멀리 와버려 이젠 돌아갈 수 없다는 당혹과 공포에 휩싸이진 않았을까.

체념과 복종으로 멕시코에서 스러져간 사람들. 바다는 이 일을 정녕 모르는 걸까. 타인의 고난과 역경은 내 일이 아니란 듯 애써 외면하는 듯한 풍경, 아니면 단지 침묵할 뿐인가. 무엇이 됐든 바다는 말이 없었다. 바다를 탓해본들 달라질 게 없다는 걸 너무 잘 알지만, 어디다 하소연이라도 해야 속이 좀 풀릴 것 같았다.

멕시코에 가면 금덩어리가 굴러다닌다는 얘기를 믿고 배에 오른 장삼이사, 거짓과 기만에 속아 아무것도 모른 채 목숨을 걸고 태평양을 건넌 미욱했던 조상들. 이 해변에서 셔터를 누르는 일은 이렇듯 목이 메는 일이었고, 치미는 화를 애써 꾹 참아야 하는 시간이었다.

'해변 어디쯤에 한인 멕시코 이민 기념비라도 하나 있으면 그나마 위안이 좀 될 텐데, 그럼 이 애통하고 들끓는 기분이 조금은 차분해질 것만 같은데….'

해 질 녘까지 해변을 촬영하고 숙소로 돌아가는 길. 아주 익숙한 태극 무늬가 보였다. 태권도 도장 광고였다. 흠칫 동공이 커졌다. 이 동네에 태권도 도장이라니 생각지 못한 발견이었다. 주소를 검색해 무작정 태권도 도장을 찾아 나섰다. 혹시 한국인 사범이 있으면 살리나크루스에 대한 이야기를 들을 수도 있지 않을까, 하는 기대였다. 조심스레 도장 문을 열었다. 생각보다 많은 학생들이 몸을 풀고 있었다. 갑작스러운 꼬레아노의 방문에 도장 안 모든 사람들이 놀라움을 감추지 못했다. 웅성대는 소리는 점점 커졌고, 급기야 태권도 수업이 중단되는 지경에 이르렀다.

사범은 멕시코 사람이었다. 그는 학생들을 모아놓고 그간 훈련한 성과를 하나씩 보여주었다. 이런 특별대우를 바란 건 아니었지만 졸지에 한국인이란 이유 하나만으로 그간 갈고닦은 실력을 참관하는 영광을 누리게 됐다. 나이대가 높아질수록 발차기며 품세며 어느 것 하나 나무랄 데 없이 훌륭했다. 진심 어린 박수를 보냈다. 사범은 한국 국기원에서 찍은 사진을 보여주며 태권도인이란 사실을 무척 자랑스러워했다. 계속 이들의 훈련을 방해할 순 없었다. 인사를 나누고 자리를 뜨려고 했다. 학생들은 잠시 기다려달라고 손짓했다. 하나둘 휴대폰을 들고 나오기 시작했다. 태평양 건너 태권도 종주국에서 온 방문자와 줄을 서 기념사진을 찍는 진풍경이 펼쳐졌다. 그렇게 잠시 아이돌이 된 것 같은 이상한 체험을 하고 도장을 빠져나왔다.

시장기가 몰려왔다. 살리나크루스에 있는 중국 식당을 찾아 들어갔다. 주인은 동양계였다. 그는 내 얼굴을 보더니 단박에 표정이 얼어붙었다. 그가 중국어를 쏟아냈다. 중국인이냐고 묻는 것 같아, 꼬레아노라고 답했다. 꾸덕하게 굳었던 표정이 그제야 알겠다는 표정으로 풀어졌다. 그는 어떤 연유로 이곳까지 오게 된 걸까. 혹시 그의 조상도 그 옛날 이민 배에 오른 건 아닐까. 중국식 볶음밥으로 배를 채우고 발걸음을 숙소로 돌렸다.

“헤이! 아미고!”

갑자기 승용차 한 대가 서더니 한 꼬마 아이가 소리쳤다. 가만 보니 태권도 도장에서 만난 친구였다. 그의 어머니로 보이는 여성이 차에서 내렸다. 그녀는 휴대폰을 내보이며 아이와 사진을 찍어달라고 했다. 도장에서 사진을 찍지 못한 모양이었다.

조상들이 스쳐간 살리나크루스 해변, 이곳에 있는 태권도 도장과 수련생들, 디아스포라의 시작에서 발견한 가장 또렷한 우리의 흔적이자 위안이었다.

“그라시아스, 아미고!”

이정표,

다시 멕시코시티로

살리나크루스 촬영을 마치고 자정쯤 멕시코시티행 버스에 올랐다. 버스는 밤새 어둠을 뚫고 길 위에서 여명을 맞았다. 뻑뻑한 눈을 비비대며 작은 휴게소에서 아침을 먹었다. 버스는 그 길로 종일 북진해 오후 늦게 멕시코시티에 닿았다. 땅거미가 지고 있었다. 녹초가 된 몸을 이끌고 작은 침대가 기다리는 숙소를 찾아 들어갔다. 다음 날 촬영이 걱정됐는지 전전반측하며 쉬 잠에 들지 못했다.

하 수상한 시절 재산 대부분을 나라를 찾는 데 헌납했다는 멕시코의 대표 독립운동가 김, 익, 주. 멕시코에 오기 전까지 한 번도 들어본 적 없는 이름이었다. 더군다나 그의 손자를 촬영하는 일, 이 만남이 내게 어떤 의미일까. 머릿속이 복잡했다. 배우지도, 들어보지도 못한 역사였고 이젠 기억 속에서 희미해져 버린 이야기였다.

김익주의 후손 다빗 킴

다빗 킴은 한국말을 하지 못한다고 했다. 멕시코에서 태어나 평생을 산 사람이었다. 우리말을 하는 게 이상한 일이었다. 다빗 킴의 집 근처에서 한국인 통역을 만났다. 안도감이 밀려들었다. 동시에 후손을 만날 때마다 통역을 구하고 그 대가를 지불해야 하는 이 작업 방식을 얼마나 끌고 갈 수 있을지 적잖이 고민됐다.

초인종을 눌렀다. 잠시 뒤 한국 어디에서나 볼 수 있는 할아버지 한 분이 문을 열고 나왔다. 다빗 킴이었다. 그 옆에는 이국적 외모를 가진 그의 딸이 서 있었다. 아니, 멕시코에서 이국적인 사람은 그녀가 아니고 나였다. 실팍한 고려청자가 놓인 협탁 옆에 자리를 잡은 다빗 킴은 옛날 사진을 꺼내놓고 할아버지에 대한 이야길 들려주었다.

김익주는 1905년 32세 나이로 부인과 아들을 데리고 멕시코 이민 배에 오른다. 메리다 근처 초출라Chochola 농장에서 일했는데 벽화를 그려 농장주 사이에서 이름이 알려진다. 그림 실력이 좋았던지 벽화를 그릴 땐 일을 쉴 수 있었다고 한다. 4년간의 계약 노동 기간이 끝나자 김익주는 멕시코 동부 탐피코로 가 음식점을 경영하며 큰돈을 번다. 그는 경제적으로 가장 빨리 성공한 한인이었다.

그때 지은 한국식 정자 모양 2층 식당은 당시 탐피코에서 가장 유명한 소위 '핫플Hot Place'이었다. 나중엔 식당까지 모두 팔아 독립운동에 보탰다는 얘기도 전해진다. 1920년 기준으로 김익주가 임시정부 등에 보낸 독립자금은 1,500달러에 이른다. 또 그는 대한인국민회 탐피코 지방회 결성에도 앞장섰고 3·1혁명 기념식, 순국선열

기념식 등을 주도해나간다. 안창호가 멕시코를 순회할 때 후원에 나서기도 했다. 대한민국 정부는 1999년 김익주에게 건국훈장 애족장을 추서한 바 있다.

다빗 킴은 할아버지가 1941년 태평양 전쟁이 발발하자 독립자금 모금에 더욱 박차를 가했다고 말했다. 몇 년 뒤 광복이 찾아왔다. 꿈에 그리던 일이었다. 이제 됐다며 환호성을 내질렀을지 모른다. 그리고 찾아온 분단, 김익주는 크게 실망했다. 다빗 킴은 할아버지가 가장 슬퍼하고 낙담한 순간이 그때였다고 기억하고 있었다. 이념에 사로잡힌 동족상잔, 독립운동가에게 이보다 비통한 일이 또 있었을까. 김익주는 절망의 문턱에서 얼마나 큰 상실감을 느꼈을까. 감히 헤아릴 수 없는 슬픔이지 않을까. 다빗 킴이 눈물을 글썽인다.

"할아버지는 다정한 사람이었습니다. 집에선 무조건 한국어로 대화하려고 노력했죠. 그때 배운 한국말을 아직도 기억하고 있어요. 할아버지가 가르쳐주지 않았으면 벌써 잊어버렸을 단어들이죠."

다빗 킴은 '밥 먹어라', '공부' 등의 한국어를 또박또박 정확하게 발음했다.

언어뿐만이 아니다. 당시 이민 1세대들은 정신과 겉모습까지 한인이어야 한다는 강박 속에 산 사람들이다. 당연히 결혼도 우리끼리여야 했다. 정체성을 지키려는 노력은 그들에게 나를 가장 나답게 만드는 길이었다. 하지만 다빗 킴은 멕시코가 고향인 사람이다. 멕시코인과의 결혼이 자연스럽고 당연했다. 그렇다고 뿌리에 대한 인식이 불분명한 것도 아니다.

"멕시코인 부인 사이에서 낳은 제 딸도 한국에서 연수를 받으며 한국 문화를 경험했죠. 그녀도 알아야 합니다. 우리가 어디서 왔는지. 나는 한 번도 조상들의 독립운동에 대해 잊어본 적이 없습니다. 멕시코에서 태어났지만 뿌리는 한국이죠. 그 이유 하나만으로 지금까지 한국인에게 많은 도움을 받았습니다. 같은 핏줄이 아니면 경험할 수 없는 일들이었죠."

그가 마지막으로 내게 한 말이다.

감정이 북받쳐 올랐다. 그의 손을 잡고 따뜻한 온기를 나누며 감사합니다, 고맙습니다, 하고 말을 건네고 싶었다. 눈시울이 붉어지는 걸 마른침을 삼키며 애써 참았다. 아직 할 일이 남아 있었다.

다빗 킴을 거실 빨간색 소파에 앉게 했다. 삼각대를 세우고 셔터를 길게 열었다. 셔터가 떨어지기 전 그를 장면에서 나오게 했다. 잠시 뒤 찰칵하고 셔터가 떨어졌다. 한 장의 사진 안에 그가 있던 장소와 그가 사라져 버린 공간이 하나가 됐다. 두 개의 이야기가 중첩되며 상이 흐릿해졌다. 역사에 대한 우리 인식이 그랬고, 점점 희미해져 가는 증거자의 오늘이 그랬다. 그리고 그렇게 지워지면 안 된다는 내 뜻이 그랬다.

결론적으로 먼 길을 되돌아왔던 결정이 이번 작업의 큰 이정표가 됐다. 아마도 이 만남이 아니었다면 독립운동가 후손을 기록하는 일에 크게 의미를 두지 않았을지도 모르겠다.

상투가 잘린 사람들

다빗 킴 촬영을 마치고 멕시코시티에서 버스로 15시간 거리 산크리스토발 데 라스카사스San Cristóbal de las Casas행 버스에 올랐다. 이곳에서 며칠 묵어가며 지친 체력을 보충했다. 그리고 다시 17시간짜리 버스에 올랐다. 목적지는 한인 디아스포라와 독립운동사에서 절대 빼놓을 수 없는 도시 메리다였다.

천신만고 끝에 태평양을 건너 멕시코에 도착한 한인들은 살리나크루스에서 짐짝처럼 기차에 올라 코아트사코알코스 항구로 간다. 그런 뒤 다시 배를 타고 프로그레소Progreso에 닿는다. 최종 목적지 메리다가 지척인 곳이었다. 그들은 그렇게 5월 중순 쉼 없는 이동을 멈추고 숨을 고를 수 있었다. 한인들은 메리다에 도착해 간략한 환영식을 치른 뒤 애니깽 농장주 손에 이끌려 10~50명씩 20여 개 농장으로 뿔뿔이 흩어진다. 일부는 황무지나 시멘트 광산 등으로 보내졌다.

농장에 도착하자마자 한인 남성들의 분신 같던 상투가 모조리 잘려 나간다. 농장주들은 한인들의 문화를 이해할 생각이 전혀 없었다. 단순히 위생만을 생각했고 생산성만을 고집했다. 평생 입던 한복도 더는 입을 수가 없었다. 낯설고 어색했지만 담요 등으로 소매가 긴 옷을 해 입어야 했다.

괴상한 옷을 입고 상투가 잘린 채 일터로 나간 사람들, 난생처음 보는 작물이 그들을 기다리고 있었다. 애니깽이었다. 한인들에겐 큰 육체적 시험이었다. 작렬하는 유카탄의 햇볕은 지옥 불같이 뜨거웠다. 목은 바짝바짝 타들어 갔고 살갗은 뱀처럼 허물이 벗겨졌다. 애니깽 가시는 악마의 손톱인 양 사정없이 온몸을 찔러댔다.

임금도 듣던 거와는 차이가 컸다. 당시 애니깽 농장의 임금체계는 실적 중심이었다. 일이 손에 익지 않은 한인에게는 무척 불리한 조건이었다. 게다가 임금의 5분의1 정도를 농장주가 맡아 보관하다 계약 만료 때 위로금 조로 돌려주는 관행 때문에 실질 임금은 더욱 낮았다. 이마저도 적합한 절차 없이 농장을 옮길 경우 몰수당하는 경우도 있었다. 노예는 아니었지만 그렇다고 노예가 아니라고 말하기에도 민망한 모습이었다. 당시 돼지 한 마리 값이 80전 정도였는데 한인 노동자 한 사람의 몸값은 불과 30전 정도였으니 그 실상이 얼마나 참혹했겠는가.

누구는 외로움을 참지 못해 마야인과 결혼해 살림을 차렸고 누구는 4년을 버틸 자신이 없어 절망 앞에 스스로 목숨을 끊었다. 농장 생활 초기 이렇게 죽은 사람이 10여 명에 달했다. 여기에 풍토병으로 사망한 사람도 20여 명이나 됐다. 그리고 또 누구는 감옥 같은 생활을 견디지 못해 야음을 틈타 담을 넘었다. 탈출에 성공한 사람은 그리 많지 않았다. 언어는 물론이고 낯익지 않은 지리 탓에 경찰이나 추격꾼들에게 체포돼 잡혀 오기 십상이었다. 일부 농장주들은 도망치다 잡혀 온 사람들을 가시 돋친 애니깽 위에 눕혀 물에 젖은 채찍을 내리쳤다. 때론 감옥에 가두기도 했다. 그리고 다시 일이 시작되면 체포에 들어간 인건비까지 갚도록 했다. 탈출에 성공한다 해도 고향에 돌아갈 수 있는 것도 아니었다. 일단 여비가 없었고 서쪽으로 가는 배는 살리나크루스 항에서만 탈 수 있었는데 이도 일본 이민회사 직원이 지키고 서 있었다. 탈출자들은 멕시코시티로 가든지, 목숨을 걸고 미국행을 선택할 수밖에 없었다.

먼저 멕시코에 와 있던 중국인들이 이런 딱한 모습을 동정 어린 눈으로 바라봤다. 당시 허훼이란 중국인이 편지를 써 샌프란시스코에 한인들의 참상을 전하는데, 이 내용이 대한제국까지 알려지며 1905년 7월 29일자 〈황성신문〉에 관련 기사가 실린다.

> 모두 조각조각 떨어진 옷을 걸치고 다 떨어진 짚신을 신었으니 (중략) 부인은 자녀를 팔에 안고 혹 등에 업고 길가를 배회하는 모양이 실로 우마와 가축과 같아, 보는 이가 눈물 없이는 볼 수 없다. 이곳

토인이 지구상 5~6등等의 노예라 칭하는데, 한인은 그 밑인 7등 노예가 되어 영원히 우마와 같고 농장에서 일을 제대로 하지 못하면 무릎을 꿇리고 구타를 당하여 살가죽이 벗겨지고 피가 낭자하니, 차마 못 볼 정형에 통탄 통탄이라 하였더라.

기사가 보도되자 동포들을 송환하라며 민심이 들끓는다. 책임자를 처벌하란 목소리도 터져 나왔다. 소식을 접한 고종이 8월 1일 대책 마련을 지시한다. 이에 멕시코 정부에 진상 조사와 한인 보호를 요구하는 전문을 보내는 한편 외부협판(외무차관) 윤치호에게 현지 조사를 명한다. 하지만 그는 뱃멀미와 넉넉지 못한 경비 등을 이유로 하와이까지 갔다 아무 소득 없이 10월 초에 돌아오고 만다. 그러면서 윤치호는 샌프란시스코에 있던 동포들에게 멕시코 이민 실태를 파악해달라고 요청한다. 이런 안타까운 소식을 접한 미주 지역 한인들은 멕시코 동포들을 돕기 위해 성금 모금 등에 나서지만 크게 도움이 되진 못한다.

한인들의 처참한 소식은 1905년 12월 20일 자 〈대한매일신보〉에도 소개된다.

이민 온 동포들이 낮이면 불같이 뜨거운 가시밭에서 채찍을 맞아가며 일하고 밤이면 토굴에 들어가 밤을 지내며 매일 품값으로 35전씩 받으니 의복은 생각할 여지도 없고 겨우 죽이나 끓여서 연명할 뿐으로 그 처지가 농장주인의 개만도 못하다고 합니다.

이 내용을 전한 사람은 샌프란시스코에 살던 박영순이었다. 그는 고려인삼 장수였는데 1905년 11월 멕시코에 갔다 동포들의 실상을 목격하게 된다. 박영순은 곧장 인삼 보따리를 내려놓고 급히 편지를 써 이 소식을 알린다.

그런 와중에 상동청년회가 자체 경비를 마련해 박장현(본명 박희병)을 멕시코 현지로 파견한다. 1906년 1월 24일 멕시코시티에 도착한 그는 기대와 달리 위험하고 험난한 메리다행을 포기한다. 조사는 애니깽 농장에서 탈출한 한인 두 명을 만나 상황을 전해 듣는 걸로 마무리된다. 이후 미국 등지에서 멕시코 한인들을 하와이로 이주시키려고 노력하지만 국적 문제 등으로 유야무야된다.

무엇보다 가슴을 치게 만드는 건 대한제국이 을사늑약으로 외교권을 박탈당해 할 수 있는 게 아무것도 없었단 사실이다.

외롭고 모질기만 했던 애니깽 농장에서의 4년. 어느새 자유의 몸이었다. 꿈에 그리던 고향에 돌아갈 수 있는 시간이었다. 하지만 그들 대부분은 다시 태평양을 건너지 못한다. 형편은 멕시코에 도착했을 때와 별반 달라진 게 없었다.

당시 성인 하루 일당은 35전 정도였는데 하루 음식 값으로 25전을 써야 하는 상황이었다. 게다가 농장주들은 대한제국에서 멕시코까지의 전대금(여비)까지 함께 갚아나가게 했다. 실질적으로 애니깽 농장에서 일하며 귀국 경비까지 저축한다는 건 불가능에 가까웠다. 게다가 농장주들은 노동계약이 끝난 뒤 지급하기로 한 위로금(100원)

조차 지급하지 않고 오히려 농장을 떠나려면 계약 당시 지급받은 150원을 되갚으라고 우겨댔다. 또 농장에서 태어난 아이와 농장에서 자란 여자들은 농장주 소유란 해괴한 논리로 한인들을 당황스럽게 만들었다. 이런 통에 무슨 돈으로 빚을 청산하고 고국으로 돌아간단 말인가.

더군다나 한인 대부분은 스페인어를 구사하지 못했다. 일꾼들이 쓰는 마야어가 더 친숙한 사람들이었다. 언어는 한인들을 애니깽 농장에 잡아두는 보이지 않는 족쇄였다. 무엇보다 대한제국이 처한 현실은 이들이 멕시코를 떠날 수 없게 하는 가장 큰 이유였다. 1910년 8월 29일 경술국치, 고향이란 희망은 애니깽 농장에서 해방되고 1년 남짓 만에 허무하게 물거품이 된다.

멕시코의 한인들을 생각하면 덫에 걸린 사슴이 떠오른다. 곧 눈물을 떨굴 것 같은 큰 눈을 가진 사슴 한 마리가 살이 찢어지는 고통을 감내하며 발버둥 치는, 사력을 다해 발길질해보지만 그럴수록 악어 이빨 같은 아가리가 더 깊이 발목을 파고드는, 그렇게 늪에 빠져드는.

카메라를 챙겨 새벽 5시 여명이 밝아오는 애니깽 농장을 촬영했다. 그 옛날 조상들이 하루를 시작했던 시각, 그들은 어떤 빛을 보며 어떤 풍경 속에 스며들었을까. 흔적 없는 이야기를 재현한다는 건 집요한 눈으로 100여 년 전 삶을 들여다보고 잠시 그들이 될 수 있어야 가능했다.

멕시코 아리랑

한인들은 1909년 5월 노동계약이 끝나기 직전 미주 국민회 메리다 지방회(1910년 대한인국민회로 확대 개편된다)를 조직한다. 이는 멕시코 이민사에서 가장 의미 있는 일 중 하나로 평가된다. 메리다 지방회는 팍팍한 삶을 보듬고 한인들을 하나로 뭉치게 하는 그들만의 정부나 마찬가지였다. 조상들은 이 조직을 통해 당면 과제를 해결하기 위해 노력한다.

한인들은 먼저 부모 없는 20세 미만 아이들을 애니깽 농장에서 해방시키고자 노력했다. 계약 노동 기간이 끝났음에도 일부 농장주들은 한인 아이들에게 3년간 더 일을 시키겠다고 강다짐하는 중이었다. 또 노동계약 만료 뒤 지급하기로 한 100원을 받아내야 하는 숙제도 있었다.

이런 여러 문제가 있음에도 그들의 가장 큰 걱정거리는 일자리를 구하는 거였다. 자유는 또 다른 고민이었다. 농장에서 해방된 사람들이 가장 잘 할 수 있는 건 역설적이게도 애니깽 농장 일이었다. 그래서 누군 지긋지긋한 농장에 남길 바랐다. 그럼에도 누군 미련 없이 보따리를 쌌다. 행상에도 나서 봤지만 벌이는 신통치 않았다. 개중에는 메리다 시내에서 허름한 여관을 운영하는 사람도 있었다. 어떤 선택이든 앞길이 막막하긴 마찬가지였다.

어려운 상황에서도 한인들은 메리다 지방회를 확대하기 위해 열을 다한다. 1909년 5월 지방회 창립 당시 310여 명이었던 회원 수는 그해 연말 450여 명까지 는다.

메리다 한인이민사박물관. 이곳은 메리다 지방회 설립 이후 네 번째 회관으로 사용되던 의미 있는 장소다. 1935년 1월 한인 여덟 명이 공동명의로 토지를 구입해 건물을 올리고 지금까지 한인 관련 시설로 사용하고 있다.

이곳에는 조상들의 이민 관련 사진, 서류, 책자 등이 전시돼 있었다. 하지만 한인들이 멕시코에서 맨손으로 일군 업적에 비하면 초라한 수준이었다. 그 모습이 마치 역사를 대하는 우리의 평소 자세와 태도 같아 보여 나도 몰래 입술을 씹게 됐다.

박물관 관장은 한인 후손 제니 찬 송(현 돌로레스 가르시아)이었다. 그녀의 책상 뒤 벽에는 태극기와 안창호의 사진이 붙어 있었다. 10개월간 멕시코를 순회한 안창호는 지금까지도 멕시코에서 가장 추앙

받는 독립운동가다. 소수민족으로 차별과 멸시의 삶을 살아가던 한인들이 안창호를 얼마나 반겼을지 쉬 짐작이 된다. 왜 아니겠는가, 그 옛날 멕시코 방방곡곡을 찾아다니며 한인들의 독립운동 참여를 독려하고 삶의 방향을 제시했던 인물이 바로 그였으니 말이다.

제니 관장이 구깃구깃한 쪽지 하나를 내밀었다. 거기에는 아리랑 가사가 스페인어 발음으로 빼곡히 적혀 있었다. 노랫말을 외우고 싶어 매일같이 불러본다고 했다. 그녀는 쪽지에 적힌 노랫말이 맞는지 발음이 정확한지 봐달라고 부탁했다. 한 줄, 한 줄 그녀와 함께 아리랑을 불러본다. 떠듬떠듬 우리말로 아리랑을 따라부르는 제니 관장의 얼굴이 마치 동요를 부르는 듯 천진난만하다. 그러다 발음이 막히면 거듭 연습을 하고 다시 아리랑을 읊조린다. 가만 보니 가사 뒷부분이 없다. 쪽지 뒷부분에 나머지 가사를 적었다. 그녀는 내 발음을 스페인어로 적어 나갔다.

"아~리랑~ 아~리랑~ 아라~리요~" 제니 관장이 천천히 다시 노래를 시작한다. 그녀의 뒤에서 안창호가 이 노래를 가만 듣고 있는 것만 같다. 얼마 만일까, 메리다 대한인국민회 건물에 아리랑이 울려 퍼진 게.

메리다 대한인국민회 건물 (현 한인이민사박물관)

NOV 19/15
아리랑
아라리요
arariyo
아리랑 아리랑
arirang arirang
아리랑 고개로 넘어간다
arirang gogero nomoganda
나를 버리고 가시는
narul borigo gasinun
아리랑
arirang
아리랑 고개로
arirang gogero
청천 하늘엔
chongchon hanulen
가슴엔
gasumen
Je manda manta

애니깽

농장으로

애니깽 농장에서 벗어난 한인들. 시원치 않은 벌이였지만 저녁이면 삼삼오오 모여 술 한 잔을 들이켜며 앞날을 고민하고 시국을 토론했다. 조상들은 메리다의 한 골목에 있는 술집에 자주 모였다. 그들은 술기운이 불콰하게 오르면 습관처럼 '제물포'를 외쳐댔다고 한다.

그림이 그려지는 장면이지 않나. 일을 마치고 찾아든 선술집, 알코올은 억눌렀던 외로움과 그리움 그리고 후회를 분출시키는 촉매가 됐을 거고 그들은 차오르는 감정을 추스르지 못해 원망스럽게 제물포를 떠올렸을 거다. 제물포에서 마음을 달리 먹었다면, 제물포에서 그 배를 타지 않았다면… 그 원통했던 외침은 술집 주인이 가게 이름을 'CHEMULPO'로 바꾸는 계기를 만든다.

메리다시는 지난 2007년 인천시와 자매결연하고 한인 디아스포라를 기념해 이 술집이 있던 골목을 '제물포 거리'로 명명한다.

제물포 거리 촬영을 마치고 한인이민사박물관을 다시 찾았다. 제니 관장이 책 한 권을 내밀었다. 소설가 김영하의《검은 꽃》이었다. 사실을 바탕으로 멕시코 이민사를 다룬 소설, 이 책을 메리다에서 읽게 될 줄은 몰랐다. 자정이 한참 지나서야 완독이 끝났다. 침대에 몸을 누였다. 부글부글 속이 끓어오르며 부아가 치밀었다. 1905년 제물포로 돌아가 그들의 소맷부리를 부여잡고 떠나지 말라고 떠나면 안 된다고 애원하고 싶었다.

다음 날 제니 관장에게《검은 꽃》을 되돌려주었다. 그녀가 이번엔 화보집 한 권을 내밀었다. 한 미국 한인교회에서 애니깽 역사를 기록한 사진집이었다. 전혀 알지 못했던 사실들이 담겨 있었다. 이거다 싶었다. 천천히 메리다 주변에 있는 애니깽 농장에 대한 기록을 살폈다.

현재 메리다 인근에는 과거 우리 조상들이 일했던 애니깽 농장이 고스란히 남아 있는데 초촐라 농장은 김익주 그리고 메리다 지방회와 숭무학교 설립을 주도한 이근영 등이 일했던 곳이다. 1908년 일본인들이 한인 이민자들의 실태 파악을 위해 들어갔다 조사를 거부당한 장소이기도 했다. 고급 호텔로 리모델링된 테모손Temozon 농장도 한인들이 많이 일했던 곳이다.

1906년 하반기 한인이 비교적 많은 야스체 농장에서 이런 사건이 발생했다고 한다. 도망쳤다가 다시 잡혀 들어온 한인 청년을 가시

돋친 애니깽 다발 위에 눕혀 채찍을 때리는 걸 보고 이에 분노한 한인들은 남녀 할 것 없이 막대기와 돌로 무장해 농장주와 관리인에게 필사적으로 대항했다. 이들은 감옥을 부수어 청년을 구출해 내고 계속 농장관리원들과 조직적으로 맞서 싸웠다고 한다.

호세 산체스 박, 《교포역설》, 1973

야스체Yaxche 농장은 악명 높은 농장주 때문에 한인들이 고초를 겪은 장소로 알려져 있다.

제니 관장은 관련 설명을 하면서 괴로운 표정으로 "아주아주 나쁜 장소"란 이야길 여러 번 했다.《검은 꽃》에 보면 채찍을 들고 한인 노동자를 매질하는 장면이 나오는데 바로 야스체 농장에서 실재했던 사건이다.

차를 타고 메리다 시내를 빠져 나와 한적한 시골길로 접어 들었다. 나무가 우거진 길을 뚫고 나가자 갑자기 큰 광장이 시야를 틔었다. 마치 숲에서 길을 잃고 헤매다 외부세계에 전혀 알려지지 않은 마을을 발견한 것만 같았다. 기묘한 느낌이었다.

과거 농장 입구였을 곳에 세워진 건축물은 원형을 알아볼 수 없을 정도로 훼손돼 있었다. 그 모습이 애니깽 산업의 부침을 상징하고 있었다. 남아 있는 스페인풍 건물은 덕지덕지 각질이 일어나고 군데군데 깊은 생채기가 가득했다. 마을을 거니는 발걸음은 한없이 무거웠다. 아무도 돌보지 않는 무덤을 보는 듯 애잔함과 적막감이 밀려드는 시간이었다.

세월 앞에 삭고 닳아버린 건물들, 그 사이를 바삐 오고갔을 사람들, 그 분주했을 과거의 모습은 어땠을까. 눈앞에 펼쳐진 황폐한 풍경 모두가 우리 조상들과 연관돼 있었다. 예사롭게 볼 게 하나도 없는 현장이었다. 한동안 시간 저편의 풍경들을 찾아 분주하게 발걸음을 옮겼다.

조상들은 새벽 4~5시부터 일을 시작했다. 해가 뜨면 살인 더위가 시작됐다. 쏟아지는 땀이 대지를 적셨다. 어금니를 깨무는 사투의 시간이었다. 비칠비칠 힘이 다 빠지면 그제야 일손을 놓을 수 있었다. 피곤에 절은 몸을 이끌고 허청허청 너절한 집으로 향했다. 몸은 가시에 베이고 찔려 상처투성이였다. 치료할 새도 없이 밀려든 고단함에 까무룩 잠이 든다. 그들은 어떤 꿈을 꾸었을까. 필경 고향에 살고 있는 가족과 친구를 만났을 거다. 이따금 그간 쌓인 이야기를 털어내며 탁주 한 사발을 걸쳤을지 모른다.

조금 더 선경 속에 머물고 싶었지만 언제나 샛별이 초롱거릴 때 눈을 떠야 했다. 그래야만 조금이라도 더위를 피할 수 있었다. 새벽은 그들에게 희망보단 체념이었을지 모른다. 그렇게 이를 악물고 하루를 버티다 보면 또 훈장처럼 없던 상처가 생겼다. 보고만 있을 수 없던 여인들은 지혜를 모아 전에 없던 장갑을 만들어 작업을 도왔다. 결국 한인들은 손에 익지 않은 일을 마야인들보다 훨씬 능숙하게 해낸다. 그들은 그렇게 위대한 역사를 몸으로 쓰고 있었다.

해거름이 시작되자 촬영을 끝내고 구멍가게를 찾아 들어갔다. 메리다로 가는 마지막 버스 시간을 물었다. 가게 주인은 조금 있으면 막차가 올 거라고 했다. 그가 내 국적을 물었다. 꼬레아노란 답변을 듣고는 반갑게 악수를 청하며 이것저것 질문을 이어갔다. 그 사이 주변 사람들이 수런거리며 몰려들었다. 한적한 시골마을에 갑자기 한국 사람이 나타났으니 그럴 법도 했다. 그중 나이 지긋하신 한 분이 한참을 '꼬레아노', '애니깽' 등의 단어를 써가면서 무엇인가를 열심히 설명했다. 마을에 한국 사람이 많이 살았단 얘기 같았다. 마음 같아선 마을에 며칠 묵고 싶었다. 시원한 음료 한 병을 다 비우자 뽀얀 먼지를 날리며 버스 한 대가 다가왔다.

어슴푸레한 길을 달렸다. 따뜻한 욕조에 몸을 누인 듯 긴장이 풀렸다. 전조등 빛이 어른어른 스쳐지나간다. 꾸벅꾸벅 설핏 선잠에 빠져든다. 노곤함이 가득한 버스 안, 그들도 이즈음 꿈속으로 달려갔을까. 나 왔노라며 큰 소리로 동무들을 불러냈을까.

멕시코에서 독립전쟁을 준비하다

나라를 떠날 때도, 척박한 멕시코에서 생사를 넘나들 때도 대한제국은 아무것도 해준 게 없었다. 버려졌단 절망감 앞에 조국을 원망하며 등을 져도 전혀 이상하지 않을 상황이었다. 그런데도 멕시코의 한인들은 고향의 땅과 하늘을 추억했고 그리운 가족과 친구들의 얼굴을 잊지 않으려 했다. 그런 그들을 가장 실의에 빠지게 했던 을사늑약과 경술국치. 돌아갈 수 있다는 꿈이 꿈으로 남을 수밖에 없던 암담한 현실, 그렇다고 주저앉을 수만도 없던 일상. 조상들은 서로를 다독이며 놀랍게도 멕시코 땅에서 독립운동을 전개해나간다.

메리다에서 가장 보고 싶었던 곳은 1945년 문을 연 엘 메르카도El Mercado 시장이었다. 메리다에서 가장 큰 규모의 시장인데 외곽으로 나가는 버스 정류장까지 있어 항상 사람들로 붐비는 장소였다.

일제의 한국 병탄併呑 소식이 전해지자 애니깽 농장에서 해방된 한인들은 과거 노지와 낮은 구릉 지대였던 이곳에 나라를 되찾겠다며 1910년 11월 17일(1905년 11월 17일은 을사늑약 체결일로 1939년 임시정부에선 이날을 잊지 않기 위해 '순국선열공동기념일'로 제정한 바 있다. 최근 들어선 '순국선열의 날'로 기리고 있다) 독립군 양성을 위해 숭무학교를 설립한다.

숭무학교는 메리다 지방회 초대 회장이었던 이근영이 1909년 작둔 등 세 개 지역에서 학생 수십 명을 모아 병법 체조를 훈련시키고 숭무정신을 기른 것에서 출발한다. 1909년 11월 17일 이들은 대한인국민회 회원과 함께 '을사늑약 파기 선언'을 하고 시내 행진을 벌인다. 당시 한인들은 500여 장의 스페인어 전단을 배포하며 멕시코인에게 대한독립의 지지와 응원을 부탁한다. 1910년 5월에는 메리다 지방회 창립 1주년 기념 시가 행진에 나선다. 당시 멕시코인들은 군복까지 차려입은 한인들을 보고 "비바 꼬레아Viva Corea"란 찬사를 보낸다.

태평양 건너에서 이게 무슨 소용이냐고 반문할 수도 있지만, 아니다. 그들은 나와 우리 민족이 살아 있음을 만방에 알리고 매일같이 본인이 누구인지를 자각해야 했던 사람들이었다. 그것이 그들의 존재 이유였다.

숭무학교 설립은 멕시코에 이민 온 1,000여 명 중 200여 명이 대한제국 군인 출신이었기에 가능한 일이었다. 이들은 자체 교범을 만들어 군사훈련을 실시했고 민족정신 고취를 위해 국사와 국어 교육도 병행했다. 당시는 무예를 갈고닦아 나라를 되찾자는 숭무주의가 동포 사회에서 크게 지지를 받던 시기였다. 독립운동가 박용만이 1909년 6월 미국 네브래스카주 커니시에 처음으로 13명의 학생을 모집해 '한인소년병학교The Young Korean Military School'를 세워 운영한 것도 바로 이런 영향이다. 이 학교는 미국 내 최초의 독립군 양성기관이었다.

숭무학교에서 처음 배출한 생도는 총 118명이었는데 한인들은 이들을 장차 독립전쟁 최전선 연해주로 보내야 한다며 매주 1원씩 '동맹저금'을 모으기도 했다. 하지만 국외 조직과 연계해 중국, 연해주 등에 졸업생을 파견하거나 직접 독립전쟁에 나서진 못했다. 시간적 여유가 없었고 지리적으로도 외부 세계와 너무 멀리 떨어져 있었다. 안타깝게도 숭무학교는 멕시코 혁명이 터지면서 1913년 3월 문을 닫게 된다.

그렇다고 멕시코의 한인들이 독립운동을 포기한 건 아니다. 그들은 자체적으로 독립군을 양성하는 일에서 자금 모금으로 방향을 바꿔 묵묵히 독립운동가들의 뒤를 받친다. 특히 3·1혁명 이후엔 꼬박꼬박 '21례'를 걷기 시작한다. 이는 소득의 20분의 1을 독립자금으로 기부하는 것을 말한다. 또 술, 담배, 커피 등을 줄여 독립자금을 납부하는 곳도 생겨난다. 이렇게 한인들이 1919년 12월까지 미주 대한인국민회 중앙총회에 보낸 독립자금은 모두 1,000달러에 달한다.

뜨거운 정오의 태양이 시장 주변을 요요하게 밝혔다. 손수레를 끄는 일꾼들이 어디론가 바삐 물건을 실어 날랐고 장을 보러 나온 시민은 상인과 흥정을 이어갔다. 시장의 일상과 맞지 않는 더딘 걸음으로 주변을 배회했다. 숭무학교 학생들이 먼지 날리며 발구름 하던 그날의 장면은 시장 어디쯤에서 연출됐을까. 빙빙 시장을 돌다 학교가 있었다는 곳에 세워진 건물에 들어가 구석구석을 톺아보았다. 마음과 달리 그 어떤 모습도 헤아릴 수 없는 공간, 끈질긴 시선으로 1910년의 한 장면을 찾아보려 했지만 심란한 마음에 제대로 초점조차 잡을 수 없었다. 막막한 셔터 소리만 빈 공간을 울릴 뿐, 그 어느 사진도 그들을 담아내지 못했다. 어스레한 시장 건물을 빠져나오자 화살처럼 내리꽂히는 햇살이 눈앞을 하얗게 만든다. 손차양을 한 내 앞을 상인들이 손수레를 끌고 신기루처럼 왔다 사라진다. 내가 찾으려고 했던 그 사람들처럼.

CALLE 67
E
15
2 TORTAS
ITZINCAB
PARADAS CONTINUAS
PRECAUCION

메리다 승무학교 터

BOLSAS
ESTANQUILLO

과테말라 정글로 간 한인들

1913년 유카탄 지역 경제 상황은 매우 좋지 못했다. 거기에 무능했던 마데로Frnacisco Madero 정권을 몰아내기 위한 혁명으로 사회 분위기 또한 흉흉하기만 했다. 많은 한인들은 살기 위해 다른 고장으로 이주를 선택한다. 당시 숭무학교 출신 중에는 멕시코 혁명군에 자원입대한 사람도 있었다.

1916년 오학기나(와하케뇨Oaxaqueño, 한인들은 '오학기나'라고 불렀다) 지방으로 갔던 숭무학교 교장 이근영은 황민주, 이정구 등과 다시 메리다로 돌아온다. 그들은 그때부터 과테말라 혁명에 참전할 용병을 모집한다. 당시 과테말라는 23년간 장기 통치를 이어가던 가브리엘 대통령을 축출하려는 움직임이 한창이었다. 모집 대상은 유카탄 지역 한인 청년들이었다. 고용금은 미화 5원이었지만 승전 시 미화 300만 원을 받는 조건이었다.

그런데 그만 일이 터지고 만다. 황민주, 이정구가 혁명군에게 받은 고용금을 가로채 도망가는 사건이 발생한다. 이근영도 종적을 감춘다. 돈 때문에 동포 청년을 혁명군에 팔아넘긴 어처구니없는 사건이었다.

하릴없이 한인 청년 30여 명은 돈에 팔려 혁명의 포화 속으로 빨려 들어간다. 이들은 과테말라 정글 속에서 학대를 받으며 힘겹게 전투를 치른다. 더러는 현지에서 풍토병으로 사망하기도 한다. 살아 돌아온 사람은 그리 많지 않았다.

과테말라 한인 용병, 멕시코에서 발견한 또 하나의 슬픈 역사였다. 왠지 1905년 제물포에서 배를 탄 사람들과 크게 다르지 않은 이야기, 바뀐 게 있다면 이민 브로커 마이어스 역을 한인 동포가 했다는 것쯤.

멕시코의

조선 왕족

서울 탑동 출생 이종오(1869~1946)는 1909년 5월 메리다 지방회 창립회원이자 한인 지도자로 활동하기 시작한다. 1916년에는 메리다 지방회 서기로 선출되고 이듬해에는 해동학교 교사로 근무하며 한인 후손들에게 민족정신을 일깨운다. 그는 멕시코 이민 전 소학교에서 교편을 잡은 적 있었다.

이종오는 1918년 안창호가 메시코를 방문했을 당시 개최된 대한인국민회 창립기념식에서 안창호, 이기종 등과 함께 연설에 나서는 등 한인 사회 지도자로 점점 입지를 굳혀나간다. 그는 안창호가 메리다에 머물 때 숙식을 제공하기도 했는데 이때 독립운동에 대해 많은 의견을 주고받은 것으로 전해진다.

이종오는 1946년 9월 9일 메리다 외곽 판테온 헤네랄Panteon

General에 묻힌다. 그의 묘지에는 손자 이상철, 같이 멕시코에 온 사라 김, 페르난도 김, 마뉴엘 산체스 등이 함께 잠들어 있다. 묘비에는 한글로 '1946년 9월 9일 별세, 향년 76세, 본은 뎐쥬 리씨(전주 이씨) 종오 분묘, 원적 대한 경성'이라고 적혀 있다.

흥미로운 사실은 그가 대한제국 황실 종친이었단 점이다. 왕족이 왜 이 먼 멕시코 땅까지 왔을까. 꽤나 의아스러운 일이다. 또 하나 눈길이 가는 건 이종오가 멕시코 이민 배에 오를 때 내시 등을 대동했단 이야기다.

내시는 고종의 소유 아닌가. 이는 왕이 사람을 내줬단 추측을 가능케 한다. 그럼 고종이 멕시코 이민에 대해 알고 있었단 소리인가. 그런데 정설은 그 반대다. 아귀가 잘 맞아떨어지지 않는 이야기다. 이종오의 멕시코행은 의문투성이다. 어디엔가 비밀이 숨겨져 있을 것만 같은 느낌이다. 한참 자료를 뒤져봤지만 어디서도 이종오의 이민을 속 시원히 설명한 내용은 없었다. 그 의문을 풀 수 있는 단서는 이 한 줄이 전부였다.

일각에선 해외 망명 정부 건설 등 이른바 '신한국 건설'이란 고종의 밀명 가능성에 주목한다.

그런데 이도 고종이 멕시코 이민에 대해 알고 있었다는 것을 전제로 한다. 미스터리로 남아 있는 그의 이민에는 과연 어떤 이야기들이 숨어 있는 걸까. 그 답이 이종오가 아닌 고종에게 있는 건 아닐까.

메리다에는 지금도 대한제국 황실 후손들이 삶을 이어가고 있다. 메리다 한인회장 등을 지낸 이종오의 증손자 율리세스 박 이는 자신을 찾는다는 소식에 단숨에 나를 만나러 왔다. 자초지종을 설명했다. 그는 흔쾌히 약속 시간을 잡자고 했다. 문제는 통역이었다. 멕시코시티에서 다빗 킴을 만날 땐 통역을 구하기 수월했다. 하지만 메리다는 사정이 달랐다. 한국 사람이 많지 않을뿐더러 후손들도 과거 부모, 조부모가 썼던 단어 몇 마디를 더듬을 뿐이다. 선택의 여지가 많지 않았다. 아쉬운 대로 영어를 할 줄 아는 사람을 수소문했다.

약속 장소인 율리세스의 여동생 집을 방문했다. 집 안은 두 나라를 상징하는 소품들로 가득했다. 그중에서 눈에 띈 건 한쪽 벽에 걸려 있는 결혼기념 사진이었다.

조상들은 과거 타 인종과의 결혼에 무척 부정적이었다. 민족이 공유하고 있는 언어와 문화를 보전하는 데 혈통은 매우 중요한 요소였다. 그들은 핏줄뿐만 아니라 역사 인식 또한 대를 이어 보존해야 할 대상으로 생각했다. 멕시코의 한인들은 그런 책임감에서 한시도 자유롭지 못했던 사람들이다. 사실 '한민족'은 허울뿐인 단어다. 한국인도 여러 인종과 섞인 다민족일 뿐이다. 하지만 조상들은 이런 인류학적 사실보다 전통과 문화 그리고 자존심을 지키는 편을 택했다. 유교적 관점으로 그렇게 살아왔고 살고자 했다.

그럼에도 그들의 노력은 삼대를 넘기지 못했다. 멕시코 태생 한인 후손들은 조상들이 그리워하던 고향이 어떻게 생겼는지 알지 못한다. 언제까지고 이런 폐쇄적 문화를 강요할 순 없다. 현재 멕시코의 한인 후손은 7세대까지 내려간 상황이다. 이젠 생김새만으로 조상이 누구인지 가늠할 수 없는 세상이 돼버렸다. 그들에게 당신은 한국인입니까, 란 물음은 이제 무의미하다. 어렴풋이 내 조상이 꼬레아노였단 사실을 기억해주길 바랄 뿐이다.

기대하지도 않았는데 율리세스는 약속 시간에 형제자매를 다 불러 모았다. 한자리에 앉히고 보니 햇볕에 그을린 얼굴만 아니라면 영락없는 우리 모습이다. 율리세스에게 1905년 일포드 호를 타고 온 이종오에 대해 물었다. 그는 상기된 채 이야기를 이어나갔다. 황실 종친이었던 자신의 뿌리는 그에게 상당한 자부심이었다. 한참 설명을 하던 그가 대뜸 "여행하는 동안 김치가 먹고 싶지 않았냐"고 물었다. 율리세스의 여동생은 한국에서 흔히 사용하는 큰 반찬통 같은 곳에서 김치를 덜어왔다. 그녀는 여봐란듯이 내 입에 김치를 넣어주었다. 이야길 나누다 말고 얼떨결에 맛본 김치는 딱 고향의 그 맛이었다.

애니깽 농장에서 일하던 한인들은 당시 한국식 부엌을 만들고 멕시코 쌀을 구해다 밥을 해 먹었다고 한다. 또 나물을 캐다 전을 부쳤고 양배추 등으로 김치를 담가 먹었다. 심지어 현지에서 구할 수 있는 곡물로 메주를 쑤어 된장, 고추장까지 담갔다.

이종오의 후손들

어머니가 차려주시던 밥상과 엇비슷한 모양, 그들의 유일한 휴식이자 안식 아니었을까. 우리 조상들이 그토록 하나의 민족이길 원한 그 바람은 결코 실패한 게 아니었다.

담을 넘어

율리세스는 이종오의 무덤을 찾아가겠다는 말에 작은 쪽지에 약도를 그려주었다. 긴 길이 하나 있고 왼편에 묘지가 있다는 간략한 내용이었다. 약도를 들고 판테온 헤네랄 정문 앞에 섰다. "앗!" 순간 비명에 가까운 탄성이 터져 나왔다. 공동묘지는 생각했던 것 이상으로 엄청나게 큰 규모였다. 선 몇 줄로 그려진 지도는 이곳의 압도적 크기를 전혀 표현하지 못하고 있었다.

족히 3~4미터는 더 돼 보이는 높은 정문을 지나자 드넓은 묘지터가 한눈에 들어왔다. 약도에 그려진 이 길이 어디를 뜻하는지 알 길이 없었다. 다시 율리세스를 찾아가야 하는 거 아닌가란 아찔한 생각마저 들었다. 일단 공동묘지의 전체 구조와 방향을 가늠하는 게 먼저였다. 곧게 뻗은 길을 천천히 걸으며 분위기를 익혔다. 일단

두 가지 가능성을 열어두고 묘지 찾기를 시작했다. 약도의 남북을 거꾸로 한 번씩 보는 방법인데 그려진 내용상으론 이종오의 묘는 큰길에서 멀지 않은 지점 어디쯤이었다. 그렇게 생각을 좁히자 큰 길을 중심으로 왼편 위와 오른편 아래 지역을 집중적으로 살피면 된다는 결론에 이르렀다.

유카탄의 뜨거운 태양 아래 한 시간 넘게 묘지와 묘지 사이를 오갔다. 그러던 중 알파벳과는 어딘가 모르게 좀 달라 보이는 비석 하나가 눈에 들어왔다. 거기엔 또렷이 한글과 한자가 섞여 있었다. 이종오란 글귀도 분명했다. '유레카!'

마음을 가라앉히고 절을 두 번 올렸다. 스페인어 비석이 전부인 이곳에 홀로 남듯 새겨진 한글은 한인들의 삶을 압축해 보여주는 듯했다. 숨을 고르고 카메라를 꺼내 들었다. 최고의 빛을 기다렸다. 기다림은 사진가의 가장 강력한 무기이자 능력이다. 그리고 상대에 대한 존중이다. 더러 내 추모의 의식이기도 했다.

빛이 약해지길 기다렸고 바람이 오길 초조하게 바랐다. 다행히 붉고 노란 노을이 비석 위에 내려앉았다. 때마침 바람 끝이 사납게 나뭇가지를 흔들어댔다. 점점 맘에 드는 장면이 연출됐다. 한 컷 한 컷 이어질 때마다 시시각각 변하는 하늘빛은 조금씩 더 드라마틱한 장면을 만들어냈다. 모든 걸 해넘이와 바람에 맡기고 시간 가는 줄 모르고 셔터를 눌렀다. 하늘은 짙은 여운을 남기며 서서히 빛을 집어삼키고 있었다. 작업을 마쳐야 할 시간이었다. 묵념을 하고 자리를 털고 일어났다. 어느새 어둑발이 내려앉고 있었다. 슬며시 선득하

MANUEL LEE
Ω SBRE. 10 DE 1946.
DEP
MANUEL SANCHEZ
JUNIO 22 DE 1965

독립운동가 이종오 묘비

고 오싹한 기운이 목덜미를 타고 스몄다. 들어왔던 정문으로 종종걸음을 쳤다. 어찌 보면 비석 하나하나가 아름다운 예술작품 같아 보였다. 하지만 어둠 속 공동묘지 체험만큼은 하고 싶지 않았다.

정문에 가까워질수록 불길한 예감이 들었다. 높다란 문에는 커다란 자물쇠가 걸려 있었다. 또 한 번 "앗!" 소리가 터져나왔다. 왔던 길을 뒤돌아 이종오의 무덤을 찾을 때 봐두었던 뒷문으로 향했다. 걸음을 재촉해도 좀처럼 거리가 줄어들지 않았다. 공동묘지가 크다는 게 다시금 실감이 됐다. 그사이 하늘 위에선 별이 초롱거렸다. 비석 뒤에 숨어 있는 누군가의 시선이 뒷덜미에 자꾸 닿는 느낌이었다. 닭살이 돋았다.

한참을 걸어 뒷문에 도착했다. '이런.' 여기도 자물쇠가 굳게 채워져 있었다. 문 높이가 정문보단 좀 낮아 보였지만 쉬 넘을 수 있는 철문이 아니었다. 모든 장비를 다시 정비하고 몸에 딱 맞게 배낭을 조절했다. 엉금엉금 철문을 기어올랐다. 이 순간 제일 두려웠던 건 공동묘지의 음산한 밤 풍경이 아니었다. 무엇보다 장비가 다치지 않아야 했다. 쓰고 있는 카메라가 일반적이지 않았기에 자칫 잘못되기라도 하면 그걸로 작업은 끝이었다. 그럼 꼼짝없이 귀국행 비행기에 올라야 하는 상황이었다.

삐죽삐죽 창살이 올라와 있는 철문 가장 높은 곳을 살금살금 타고 넘는 중이었다. 중심이 높아지자 철문이 세차게 요동치기 시작했다.

"어어…"

원숭이가 나무에 매달리듯 창살을 부여잡았다. 갓난아이를 달래듯 조심조심 다리 한쪽을 넘기고, 뾰족한 창살을 피해 나머지 다리를 밖으로 넘겼다. 그제야 철문도 어색한 경험에서 해방됐는지 천천히 떨림을 멈추기 시작했다. 엉거주춤 철문을 반쯤 내려와 몸을 날렸다. '쿵.'

별이 빛나는 밤이었다.

A PERPETUIDAD

고향은 열병 같은 거
화톳불처럼 열이 오르고 오한이 드는
끙끙거려 본들 쉬 도망갈 수 없는
아득하기만 한 기억 저편의 그림자가
환영이 돼 돌아온다

머리끝까지 이불을 올려
어둠에 든다
태곳적 엄마 품이 그랬던가
꿈속을 달려 달큼한 꽃향기 진동하는 동산에 올라
그대 손을 잡고 내달린다

멀리 처마 밑
고드름 익어가는 소리 귓가를 울린다
마치 그 소리 있던 것 마냥
꼬드득 꼬드득
고향은 열병 같은 거, 고향은 낫지 않는 거

3

쿠바

CUBA

쿠바 서문

헤밍웨이와 동시대를 살다

신혼여행지로 유명한 멕시코 칸쿤Cancun에서 비행기를 타고 쿠바 아바나로 향했다. 요란한 비행기 엔진 소리를 들으며 작은 창 너머로 바다를 물끄러미 내려다본다. 희끗희끗 하얀 포말이 만들어지고 지워지길 반복했다. 헤아릴 수 없는 시간 동안 계속됐을 풍경, 그럼에도 처연해 보이는 까닭은 저 파도를 헤쳐 갔을 그들이 있기 때문이다. 모진 삶 뒤에 또 한 번의 거친 여정 그리고 똬리를 틀고 그들을 기다리던 시련, 쿠바에는 어떤 이야기들이 숨어 있을까.

쿠바의 상징 살사, 에메랄드빛 바다, 시가, 체 게바라, 야구… 그리고 절대 빼놓을 수 없는 한 사람 어니스트 헤밍웨이. 사실 쿠바의 관광산업은 헤밍웨이와 체 게바라가 다 먹여 살린다 해도 과언이 아니다. 아바나 도심에 자리 잡은 암보스 문도스 호텔Ambos Mundos Hotel 511호는 헤밍웨이가 1932년부터 1939년까지 7년간 머물며《누구를 위하여 종은 울리나》를 집필한 장소다. 현재는 '헤밍웨이의 방'이란 작은 박물관으로 운영되고 있는데 당시 썼던 타자기 등을 직접 볼 수 있다.

헤밍웨이는 낚시광이었다. 1928년 쿠바를 처음 찾은 것도 낚시 때문이었다. 그는《노인과 바다》를 쓸 수밖에 없는 운명이지 않았을까. 아바나에서 차로 20분 정도 떨어진 코히마르Cojimar 해변은 이 소설의 모티브가 된 장소다. 헤밍웨이는 이 책으로 1953년 퓰리처상을, 이듬해엔 노벨문학상을 수상한다. 아바나의 명소 말레콘Malecon이 바흐의 잔잔한 선율 같았다면 코히마르는 베토벤의 웅장함이 느껴지는 장소다. 해변 한쪽엔 헤밍웨이 동상이 서 있고 그가 자주 갔던 레스토랑 라테라사La Terraza가 남아 있다. 헤밍웨이는 이 레스토랑에서 쿠바 음악을 들으며 모히토, 다이키리Daiquiri 등을 즐겨 마셨다.

그런 대문호 헤밍웨이보다 7년 먼저 이 땅을 밟은 사람들이 있었다. 바로 멕시코에 살던 270여 명의 한인들이었다. 쿠바에서 헤밍웨이와 동시대를 살아간 한인들 이야기, 조금 낯설지 않은가. 그들은 척박하기만 했던 멕시코의 삶에 지쳐 잘 먹고 잘 살 수 있단 말을 믿고 또다시 배에 오른 사람들이었다. 제물포에서 살리나크루스를 거쳐 마나티까지, 바다에서 와 바다를 건너 시작된 쿠바 한인 디아스포라였다.

조상들은 멕시코에서 그랬던 것처럼 쿠바에서도 뿌리를 잊지 않기 위해 노력한다. 청년들을 위해 학교를 세우고 우리말과 역사 등을 가르친다. 그리고 나라를 되찾기 위해 독립운동을 해나간다. 그들은 쉽게 할 수 있는 일부터 시작했다. 대한인국민회 지방회를 설립하고 월급에서 얼마를 떼어 독립자금을 마련한다. 허기가 몰려오면 밥을 챙겨 먹듯 독립운동은 그들에게 너무나 당연한 일상이었다. 쿠바의 한인 후손들이 그들의 부모와 조부모가 독립운동 얘길 따로 하지 않았다고 말하는 이유다.

한국과 쿠바는 지금까지 외교관계가 전혀 없었다. 이런 정치적 상황 때문이었을까. 후손들도 한국 정부를 찾아가 우리 조상이 독립운동을 했다고 따지지 않았다. 이제는 너무 시간이 흘러 누가 누구의 자손인지, 누가누가 독립운동을 했는지 밝혀내기 쉽지 않은 세상이 돼버렸다. 쿠바에 남겨진 가장 큰 숙제다.

"Hasta la Victoria Siempre"
ADMÓN

20
Criollos

카리브 해의

한인들

당시 쿠바는 양복과 넥타이를 매고 사탕수수를 자르며, 물 대신 우유를 마시고 원하는 대로 맥주를 마시는 에덴동산과 같다고 알려져 있었다. 쿠바 이주 한인들은 당시로부터 16년 전인 1905년 5월 인천항을 떠나 멕시코 유카탄 에네켄(=헤네켄) 농장의 노동자로 들어왔던 1,000여 명의 한인들과 후손들의 일부였다. 1909년 4년간의 계약 노동이 끝나고 에네켄 산업도 쇠퇴하면서 한인들은 멕시코 전역으로 흩어졌고 그중 일부가 쿠바로 향했던 것이다. 당시 쿠바는 사탕수수 재배로 최고의 호황기를 누리고 있었다. 그러나 한인 이민자들이 쿠바에 도착했을 때는 바로 몇 달 전까지만 해도 22.5센트였던 국제 설탕 가격이 3센트까지 폭락하면서 이미 쿠바 경제가 추락한 시기였다. 사탕수수 농장 일은 고되었지만 그 일자리마저도 충분하지 않았다. 그런 와중에 쿠바에서 에네켄이 재배되기 시작하자, 이미 유카탄 농장에서 숙련된 한인들은 에네켄 농장으로 눈을 돌렸다.

에네켄 농장이 생겨난 마탄사스로 이주한 한인들은 엘 볼로 마을에 정착하고, 대한인국민회 지방회와 한인교회 그리고 한글학교를 세웠다. 이를 통해 한인들은 정체성 유지를 위해 애썼고 조국의 독립운동을 위해서도 헌신했다.

《쿠바의 한국인들》 중에서

1차 세계대전이 터지면서 쿠바는 설탕 공급국으로 급부상한다. 1920년 쿠바는 중남미 국가 중 가장 높은 소득을 올린다. 이 무렵 프랑스, 독일, 벨기에, 오스트리아 등 유럽 국가들은 자국 제당산업을 육성하고 시장을 보호하기 시작한다. 그러자 국제 설탕 가격이 빠르게 안정을 되찾는다. 반면 쿠바는 저임금 속에서 실업자가 증가하는 불황의 늪에 서서히 빠져들게 된다.

이런 사정을 모르는 한인 270여 명은 멕시코보다 더 나은 생활을 꿈꾸며 1921년 3월 11일 쿠바 제1항 푸에르토 마나티Puerto Manati에 도착한다. 그들은 국적 문제 등으로 바로 하선하지 못하고 10여 일 간 선실에 더 머물게 된다. 이 과정에서 배를 타고 아바나 인근 마리엘Mariel 항구에 갔다 다시 마나티로 돌아오는 등의 어려움을 겪는다. 한인들이 쿠바에 첫발을 내디딘 날은 3월 25일이었다.

우여곡절 끝에 쿠바에 도착한 한인들, 그들을 기다리고 있던 건 기대했던 일자리가 아닌 또 다른 시련이었다. 막상 쿠바에 도착해 보니 멕시코에서 듣던 계약 조건과 차이가 있었다. 큰 소동이 일었고 몇몇은 멕시코로 돌아간다. 어찌 됐건 살아야 했기에 항구 인근에 거처를 마련했다. 당시 마나티에서 한인들이 몇 개월 동안 체류한 곳은 3~4개 등급 건물 가운데 가장 낮은 계층들이 모여 살던 곳이었다.

원래 한인들을 고용하려고 했던 마나티 설탕 회사Manati Sugar Company는 고용 악화 등을 이유로 소수의 한인만을 채용한다. 불행 중 다행이었을까. 이 무렵 쿠바에서도 애니깽이 재배되기 시작한다. 이 소식을 듣고 박창운과 김세원 등이 먼저 마나티에서 기차에 몸을 싣는다. 그들은 마탄사스Matanzas시 외곽 독일계 애니깽 농장 엘 볼로EL Bolo를 찾아 노동계약을 협상한다. 그렇게 일자리를 약속받고 1차로 50여 명의 한인들이 이 농장으로 이주한다.

당시 쿠바 노동자들은 애니깽 농장 일을 익숙하게 해내지 못하고 있었다. 반면 한인들은 이 일에 이골이 난 사람들이었다. 농장에선 한인들을 무척 반겼다. 마나티에 남아 있던 한인들도 이 소식을 듣고 마탄사스로 이주해 터전을 잡는다.

하지만 엘 볼로 농장도 몰려든 한인 모두에게 충분한 일자리와 임금을 제공했던 건 아니다. 결국 1923년 이후 한인들은 다른 애니깽 농장이 있는 카르데나스Cardenas로 이주하거나 일부는 아바나로 가 새로운 길을 모색한다. 하지만 이도 여의치 않았다. 이미 애니깽 산업은 전 세계적으로 쇠퇴기에 접어든 상황이었기 때문이다.

쿠바의 한인들은 이런 현실을 타계하고자 1926년 생활 터전을 브라질로 옮기려는 계획까지 추진한다. 당시 조상들의 하루 임금은 6~7전에 불과했다. 여기에 조국의 독립이 생각보다 늦어질지 모른다는 위기감까지 감돌고 있었다.

브라질 이민을 추진한 사람은 박창운이었다. 그는 쿠바 주재 브라질 공사와 한인들의 이주를 교섭한다. 일본인들의 경우 이미 1908년부터 수만 명이 브라질 상파울루 등에 이주해 농·상업 분야에 진출해 있었다.

마탄사스와 카르데나스 지방회 지도자 30여 명이 모여 브라질 이민을 논의한다. 먼저 12명을 선발해 현지 조사를 보내자고 의견을 모은다. 동포 사회는 한껏 기대에 들떴다. 하지만 이 계획은 이런저런 이유로 결국 무산된다. 한인 사회는 또 한 번 큰 실망감에 휩싸인다.

쿠바의 한인들 중에는 스페인어는 물론이고 모국어조차 읽고 쓸 줄 모르는 문맹자가 많았다. 그들은 소외받고 차별받기 일쑤였다. 고되고 외로운 타향살이, 하고 싶은 말이 있어도 매번 말을 삼켜야 했던 그 답답함과 비통함을 어찌 다 표현할 수 있을까. 그럼에도 그들은 일을 할 수만 있다면, 아이들을 잘 가르칠 수만 있다면 지구 어디든 갈 사람들이었다.

하지만 매번 얄궂은 운명의 신은 그들 편에 서주지 않았다. 쿠바의 한인들이 할 수 있는 건 내일이 오늘보다는 나을 거란 체념 섞인 기대를 가져보는 게 다였다. 쿠바는 그런 절절함의 땅이다.

정신을

차려야 했다

미국 사진작가 데이비드 앨런 하비David Alan Harvey의 작품을 보고 언젠가는 쿠바를 꼭 찍어보겠노라 다짐한 적 있다. 그게 처음 쿠바에 관심을 갖게 된 계기다. 창피한 일이지만 그때까진 이 나라가 우리 디아스포라의 땅이란 사실을 전혀 인지하지 못했다.

아바나, '유혹'이란 명사와 가장 어울리는 도시다. 골목을 쏘다니다 보면 오랜 경제봉쇄로 뜻하지 않게 만들어진 복고적 분위기에 매료된다. 이 모습은 매혹적이다 못해 고혹적이다. 골목을 흐르는 살사의 경쾌한 음률을 좇아가다 보면 거기엔 어김없이 리듬에 맞춰 엉덩이를 흔드는 사람들이 있다. 보란 듯 도로를 누비는 올드카는 시간 여행이란 말과 가장 잘 어울리는 풍경이다. 누구나 하비의 작품 같은 사진을 찍을 수 있는 건 아니지만 셔터 소리를 즐기기에 이

만한 나라도 없다. 쿠바에서 카메라는 없어선 안 될 유희의 도구다.

밤은 또 어떤가. 달콤한 미향이 코끝을 간질이는 쿠바산 럼은 흥을 돋우는 최고의 친구다. 헤밍웨이의 단골 바에서 즐기는 칵테일은 시간을 초월해 대문호와 정서적 교감을 가능케 한다. 숙소로 돌아가는 길, 운 좋게 〈부에나 비스타 소셜 클럽〉의 대표곡 '찬찬Chan Chan'이라도 흘러나오면 곧장 영화의 한 장면 속에 들어온 듯 신이 난다. 한마디로 쿠바는 낭만이자 사랑이다.

정신을 차려야 했다. 쿠바의 팜므파탈에 홀려 계획한 모든 게 틀어질 것만 같았다. 다른 여행자와 같이 쿠바를 쿠바로 즐기자고 온 게 아니었다. 과정이 전부라 해도 과언이 아닌 작업을 하고 있었다. 우선 어떤 독립운동가 후손들이 살고 있는지 파악해 연락할 수 있는 방법을 찾아야 했다. 인터넷 검색으론 한계가 있었다. 그렇다고 흥신소처럼 전문으로 사람 찾는 일을 해본 것도 아니었다. 게다가 촬영 현장은 전부 나라 밖 아닌가. 모든 악조건을 다 갖추고 있는 셈이었다.

한번은 이 흥신소 일이 너무 힘에 부쳐 국가보훈처 '처장과의 대화'에 민원을 넣은 적도 있었다. 국외독립운동가 후손 명단을 줄 수 있냐는 질의였고, 개인 정보라 불가하단 답변을 받았다. 어쩔 수 없이 매번 약속 없이 문을 두드려야 했고 통사정과 간곡한 부탁을 예사로 여겨야 했다.

사적지 한 곳 한 곳을 찾아가는 일도 쉽지 않았다. 자료와 실제 위치가 달라 길을 헤매는 건 으레 있는 일이었다. 어떤 날은 촬영은 고사하고 하루 종일 숨은 그림 찾기만 하다 뉘엿뉘엿 지는 해를 보고 숙소로 발길을 돌리기도 했다. 독립기념관 국외독립운동사적지 정보는 정확하지 않은 게 많았다. 처음엔 실수겠지, 하고 이해하려 했지만 날이 갈수록 잘못된 정보가 눈에 띄었다. 이럴 때마다 소홀한 사적지 관리 실태에 화가 치밀었다. 한번은 독립기념관 관장에게 항의 메일을 쓴 적도 있었다. 어디 어려움이 이뿐이었겠나, 통역이 필요할 때가 많았는데 그때그때 사람을 수소문하는 일도 매번 큰 걱정거리였다. 날씨 때문에 촬영이 차일피일 미뤄지는 경우도 많았다. 장기 여행이 고된 건 어쩔 수 없었지만 카메라 장비 때문에 값싼 숙소만 고집할 수 없어 매번 속이 쓰렸다.

무엇보다 용기를 잃지 않으려 애면글면했다. 이 작업은 시간과 돈보다 의지의 문제였다. 이런 산적한 문제를 하나씩 풀어나가는 과정이 이 작업의 거의 전부였다.

쿠바에서 뜻한 바 작업을 제대로 하기 위해선 우선 정신을 바짝 차려야 했다.

소탐대실

현지인들이 이용하는 합승 택시를 잡아탔다. 목적지는 '호세 마르티 한국 쿠바 문화 클럽.' 다시 시작하는 마음으로 문을 두드렸다. 안토니오 김 함(김시율) 쿠바한인후손회 회장이 이곳 대표였다. 철문 옆 벨을 눌렀다. 잠시 뒤 한 여성이 문을 열고 나왔다. 안토니오 회장의 딸이었다. 방문 이유와 작업 취지를 설명했다. 다행히 서로 짧은 영어가 됐다. 곧 안토니오 회장이 나타났다. 인사를 나누고 그에게 이런저런 정보를 얻었다. 그는 주말에 한글학교 수업이 있고 한식을 요리해 나눠 먹는 행사가 있으니 그날 또 방문해달라고 했다. 면접치고는 분위기가 나쁘지 않았다.

나중에 알고 보니 안토니오 회장은 독립운동가 김세원의 손자였다. 김세원은 1905년 멕시코로 이주한 한인 1세대로 쿠바로 넘어온 후 마나티에서 마탄사스행 기차에 가장 먼저 몸을 싣고 동포들의 일자리를 주선한 인물이다. 그는 1923년 대한인국민회 카르데나스 지방회 설립을 주도한다. 독립자금 모금 등에도 적극 참여한다.

김세원은 이런 공로를 인정받아 2015년 독립유공자가 된다. 하지만 서훈을 전달할 순 없었다. 그의 후손이 누구인지 찾을 길이 없었기 때문이다. 그러다 2017년에야 안토니오 회장이 그의 손자란 사실이 밝혀졌다.

토요일 오전, 호세 마르티 한국 쿠바 문화 클럽. 사람들이 모여들기 시작했다. 한국에서 왔다는 나를 보고 다들 놀라움과 반가움에 인사를 건넨다. 케이팝에 관심이 많은 젊은이들은 내게 누구누구 가수를 아냐고 물었다. 사실 어떤 아이돌이 있는지 그들보다 내가 더 모르는 난감한 상황이었지만 "아, 그 아이돌, 내 친구야!" 하고 농담을 건넸다. 웬걸, 이 말을 진짜로 믿고 눈이 두 배로 커진 소녀도 있었다. 한국식 비빔밥이 테이블 위에 올랐다. 고향에서 흔히 먹던 그것과는 생김새도 맛도 조금 달랐지만 비빔밥이란 단어가 주는 동질감만큼은 분명했다.

식사 뒤 한국어 수업이 시작되기 전 학생들과 이야기를 나눌 수 있는 기회가 있었다. 그들은 한국 본토박이 발음을 신기해하며 발음 하나하나에 귀를 쫑긋 세웠다. 학생들을 가르치러 교실에 들어간 건 아니었지만 어쩌다 발음 교정을 해주는 모양새였다.

그들에게 한 가지 부탁을 했다. 아바나에는 독립운동가 임천택의 아들 세르히오 임 김이 살고 있었는데, 그를 만나러 갈 때 통역이 필요하다고 했다. 번쩍 손을 들고 자기가 할 수 있다는 여학생이 있었다. 정말 통역이 가능할까 내심 걱정이 됐지만 교실 안에서의 소통엔 별문제가 없어 그녀에게 세르히오와 약속을 잡아 달라고 부탁했다.

며칠 뒤 그녀를 만나 세르히오 임 김의 집을 방문했다. 인터뷰가 시작됐다. 곧바로 문제가 불거졌다. 질문이 이어지고 대답이 길어지자 전혀 통역이 되질 않았다. 비용을 더 지출하더라도 조금 더 나은 통역을 구해야 했던 거다. 후회가 밀려들었지만 돌이킬 수 없는 일이었다.

세르히오도 이 상황이 답답했는지 한국어를 배운 적 있다는 손자를 불러왔다. 다행히 통역을 돕던 친구보다 한국어 실력이 더 뛰어났다. 대화를 이어나갈 순 있었지만 속 깊은 이야기를 끄집어내긴 힘든 분위기였다. 아바나에서 두 시간 남짓 떨어진 마탄사스에 임천택의 딸이 살고 있었다. 인터뷰는 다음 기회가 또 있었다.

세르히오에게 정중히 의상을 갈아입어달라고 부탁했다. 보일 듯 말 듯 한 임천택의 얼굴을 찾아 뷰파인더 안에서 이리저리 앵글을 맞춰본다. 그의 얼굴에 닿은 빛이 카메라 렌즈로 들어오는 찰나, 존재의 역사가 더 확고하고 뚜렷해지길 바라며 셔터를 눌렀다. 언어가 아닌 가슴으로 진심을 전달할 수밖에 없는, 그 옛날 그들의 답답하고 난처한 심정이 이러지 않았을까. 세르히오와 손을 맞잡았다. 투박하고 거친 손. 서로의 온기가 전해진다. 그 따스함에 당신의 건

LAROUSSE
2001
LA VICTORIA ESTRATÉGICA
Fidel Castro Ruz
ESTRATÉGICA
Fidel Castro Ruz

강을 걱정하는 마음을 실어본다. 그렇게 나눈 걸로 된 거다.

첫 촬영의 아쉬움을 떨쳐낼 겸 아바나의 상징 말레콘으로 갔다. 삶의 다양한 욕망이 매 순간 파도처럼 부서지고 다시 꿈틀대기를 반복하는 곳, 이곳만큼 쿠바의 삶을 단박에 이해시키는 공간도 없을 거다.

노을이 아름다운 그러데이션을 만들어내는 시간, 거리의 악사들이 하나둘 자기만의 음악을 연주한다. 연인들은 그 음악에 화답이라도 하듯 살며시 키스를 나눈다. 오래전 우리 조상들도 이 바다 어딘가에서 이들처럼 사랑을 나누었을까.

스파이가 된 한인들

어린이의 붉은 정성

까르데나스에 있는 청년부 어린이들이 조국 광복을 위해 푼푼 전전이 모아 미화 7원을 만들어 임시정부에 보낸 데 대해 임시정부의 이시영 선생은 이 기별을 듣고 너무 감격하여 다음과 같은 표창상을 보냈다.

"그 어린이들의 모아 보낸 돈이 비록 많지는 못하나 그들의 그 뜨거운 정성은 가히 금석을 녹일 만하여 눈물이 자연 옷깃을 적시나이다. 이 어린이들이 우리 선조들의 영예스럽고 기특하여 누려오던 국가 생활을 몸소 누려 보지 못하고 다만 남의 천지에 성장하여 망국인의 고통을 알지 못하면서 오직 천진난만한 혈통적 정서로서 이와 같이 조국 광복의 열정을 다함은 지극히 공정하고 사랑함을 받지 않습(못합)니다. 이러한 사실이 내외 신문에 전파되면 누가 감격하지 않겠습니까."

《멕시코 한인 이민 100년사》 중에서

한인들이 쿠바에 도착하자 발 빠르게 움직인 사람들이 있었다. 바로 일본인들이었다. 쿠바 일본 영사관은 마탄사스 엘 볼로 농장에 집단 거주한 한인들을 일제 식민으로 등록하려 했다. 대한제국이 일본의 통치를 받은 지 오래이니 한인 이민자도 일본 재외 국민이 돼야 한다는 소리였다. 경술국치 전 고향을 떠나온 사람들이었다. 일본 국민이 된다는 건 치욕이자 굴욕이었다. 곧장 대책 회의가 열렸다. 신속히 대한인국민회 쿠바 지방회를 설립하기로 한다. 그렇게 1921년 7월 마탄사스 대한인국민회 지방회 설립이 마무리된다. 이듬해 3월엔 카르데나스 지방회가 만들어지고 1937년엔 아바나 지방회도 생긴다. 안타깝게도 1921년 설립된 마나티 지방회는 1926년 해산된다.

쿠바의 한인들에게 대한인국민회 지방회는 일제의 통제에서 벗어나 자주적 민족으로 살아갈 수 있는 울타리였다. 그 안에서 그들은 매년 3·1혁명 기념식을 거행하는 등 게으름 없이 민족의 자존심과 자부심을 지켜나가기 위해 노력한다. 이를 위해 쿠바 지방회는 1945년까지 2만여 달러를 모금해 교육비, 외교비 등에 사용한 것으로 알려져 있다. 특히 2차 세계대전 당시 쿠바 지방회는 한인들을 일본인과 구별하는 정치적 보호막 역할까지 톡톡히 해낸다. 한 증언에 따르면 아바나 거주 한인들은 쿠바 지방회를 중심으로 독립전쟁을 위한 군사훈련까지 실시했다.

1941년 12월 7일 일본이 진주만을 폭격하면서 태평양 전쟁이 발발한다. 쿠바 정부는 미국 편에 서서 대일 선전포고를 한다. 곧바로 일본 영사관이 강제 철수된다. 이 과정에서 쿠바에 있던 800여 명의 일본인이 체포된 것으로 알려져 있다.

문제는 국적이 모호한 한인들이었다. 쿠바 정부는 한인을 일본인으로 오해하거나 심지어 스파이로 의심하기까지 했다. 당시 쿠바 군정보국Servicio de Inteligencia Militar에 등록된 적국민은 5,600여 명이었는데 한인들도 잠재적 간첩 취급을 당했다. 한반도가 일본의 식민지였기 때문이다. 이 소식을 접한 임시정부 워싱턴 주미외교위원부는 주미 쿠바 공사와 교섭에 나서는 한편 재쿠 중국 공사와도 관련 협의에 들어간다.

동포들을 보호하기 위한 이 같은 노력은 1943년 4월 '재쿠한족단(Colonia Koreana de Cuba, 대표 이종헌)' 설치로 이어지고 한인 대부분이 일본인과 다른 처우 속에서 쿠바의 삶을 이어간다.

1943년 '김보배 사건'으로 알려진 흥미로운 일화가 있다. 이야기는 이렇다. 작은 키에 동글납작한 얼굴을 한 김보배는 아바나에 살던 한인 여성이었다. 어느 날 그녀가 가사도우미로 일하고 있던 미국인 집에 쿠바 비밀경찰이 들이닥친다. 김보배를 일본인으로 오해한 거다. 경찰은 집을 샅샅이 수색한 뒤에도 의심이 풀리지 않았는지 그녀를 유치장에 가둔다. 김보배는 한인단체 증명서와 재쿠한족단 증명서를 담당하는 쿠바 관리와 연락이 된 뒤에야 가까스로 풀려난다. 이렇듯 당시 한인들은 쿠바 태생이든 국적 취득자든 모두 재쿠한족단 증명서를 소지해야만 신변 안전을 보장받을 수 있었다.

쿠바의 한인들은 1940년 마탄사스에서 광복군 후원회를 결성하고 일본과의 일전을 준비하고 있던 사람들이었다. 그런데 때 아닌 스파이 혐의라니, 하루하루가 얼마나 분하고 답답하고 기가 막혔을까.

그렇다고 모든 한인이 이런 마음은 아니었던 것 같다. 쿠바의 한인 중에 친일파도 있었다. 그들은 외국인 증명서에 국적을 일본으로 등록하고 이를 도리어 영광으로 여겼다. 친일 언행도 서슴지 않았는데 걸핏하면 쿠바 내 독립운동을 헐뜯고 다녔다. 심지어 일본인회에 등록하고 회비를 꼬박꼬박 납부하며 일본을 찬양하기까지 했다.

전 세계 곳곳에서 독립운동을 했던 조상들, 그들 곁을 한시도 떨어지지 않았던 친일. 그 망령의 역사는 쿠바에서도 이어지고 있었다.

노동 정지

2차 세계대전은 쿠바의 한인들에게 또 다른 시련의 계절이었다. 한인들은 전쟁으로 인해 식민지 이전의 존재까지 증명해야 하는 난처하고 서러운 상황에 내몰리게 된다. 하지만 이들을 더욱 고통스럽게 하는 건 따로 있었다.

당시 한인들의 국적은 어떤 상태였을까. 대부분은 일본인도 그렇다고 쿠바인도 아닌 경계에 놓여 있었다. 고향에 돌아가지 못할 바에는 차라리 쿠바 국적을 취득하는 편이 여러모로 편하지 않았을까. 그런데 여기에도 문제가 있었다. 쿠바는 1940년 헌법 개정을 통해 쿠바 태생이 아닌 외국인들의 국적 취득을 허용한다. 스페인어를 구사하면서 5년간 쿠바에 거주한 외국인이 국적 취득 신청을 하면 1년 뒤 시민권을 주는 방식이었다.

그런데 당시 국제법상 한인들의 쿠바 국적 취득에는 일제의 동의가 필요했다. 그래서 국적 취득은 대부분 해방 이후 일이 된다. 그런데 이 문제가 다른 곳에서 한인들의 발목을 잡는다.

당시 쿠바는 자국민과 외국인을 차별하는 노동정책의 폐해가 극심한 시기였다. 쿠바 정부 정책 중 한인들을 가장 괴롭힌 건 '노동 정지'였다. 1933년 마차도G. Machado Morales 정권을 무너뜨린 바티스타Fulgencio Batista y Zaldívar 혁명 세력은 직장이나 자산이 없는 외국인들을 강제 귀환시키는 새로운 노동법을 시행한다. 이 법에 따라 일감이 부족할 경우 노동자들은 일시 휴식기를 가져야 했는데, 이를테면 1년 중 한 달 정도를 쉬는 방식이었다. 문제는 이 정책이 내외국인에게 차별적으로 적용되면서 발생했다. 외국인들은 한 번 노동 정지를 당하면 다시 일터로 돌아가지 못하는 경우가 잦았다. 그들에게 노동 정지는 실직이나 마찬가지였다.

1946년 쿠바가 국수주의 정책을 본격 가동하면서 노동 정지로 인한 외국인의 피해는 극심해진다. 정책의 폐단은 한인들의 삶을 더욱 피폐하게 만들었다. 미주 동포들이 발행한 〈신한민보〉(1909년 대한인국민회가 미국 샌프란시스코에서 〈공립신보〉와 〈대동공보〉를 통합해 만든 주간 신문. 〈신한민보〉는 일제강점기 내내 독립운동 정신을 고취하고 동포들의 권익을 옹호하는 데 앞장섰다)가 1946년 이후부터 1950년대 말까지 쿠바 노동 정지 관련 기사를 빈번하게 다룬 이유도 여기에 있다.

1955년 4월 21일 자 〈신한민보〉에 따르면 민성民成국어학교 초대

교사 서병학은 일자리를 잃고 실직당해 아바나 차이나타운에서 구걸로 연명한다.

노동 정지로 인한 동포들의 비참한 소식이 전해지자 미주 한인 단체들이 나서 모금운동을 벌인다. 또 고국에서도 쿠바 한인 사회의 어려움을 어느 정도 파악하고 있었던 것으로 보인다. 1949년 12월 3일 남한의 김동성 특사가 쿠바를 방문한 적 있었고, 1952년 쿠바 독립 50주년 기념식에 참석한 양유찬 워싱턴 주재 한국대사가 마탄사스를 방문해 동포들을 위로한 바도 있다. 하지만 전쟁의 화마가 집어삼킨 남한의 사정도 선뜻 이들을 도울 수 있는 여건이 못 됐다.

노동 정지로 더욱 어려워진 한인들의 경제 사정은 대한인국민회 지방회, 대한여자애국단, 교육사업, 한인교회 등에 심각한 재정적 문제를 불러일으켰다. 이는 쿠바 내 한인 공동체 와해로 직결됐다.

노동 정지로 고통받던 한인들의 경제 사정은 1959년 쿠바 혁명 이후 서서히 개선돼나간다. 하지만 사회주의 나라에 남겨진 한인들은 차츰 우리 기억 속에서 희미해져 간다.

아바나 골목에서 찾은
내 자화상

햇살 가득한 아바나의 골목을 어슬렁거리는 건 쿠바 여행의 별미 중 별미다.

시가를 물고 구수한 연기를 뻐끔뻐금 내뿜는 사람들, 평소 쿠바 하면 떠오르던 이미지 그대로다. 미술품 가게 한쪽에 걸려 있는 〈부에나 비스타 소셜 클럽〉의 꼼빠이 세군도 초상은 금방이라도 캔버스를 찢고 나와 걸걸한 저음으로 노래 한 곡을 뽑아낼 것만 같다. 열린 창문 사이로 빠금 안을 들여다본다. 여지없이 체 게바라의 늠름하고 당당한 얼굴이 그들의 자랑인 양 한쪽 벽을 장식한다. 뒷짐을 지고 천천히 골목을 걸어보는 건 쿠바인들의 역사를 몸으로 배워나가는 여정이다. 거기엔 예나 지금이나 별로 바뀐 것 없는 그들의 진한 삶의 향기가 떠다닌다. 아바나의 골목은 한마디로 떠나간 것들에 대한 노스탤지어다.

아바나의 골목을 유유자적 쏘다니고 있었지만 분명한 방향성은 있었다. 찾아가야 할 곳은 아바나 다운타운에서 멀지 않은 Sol No.409와 Sol No.109였다. 이 주소들은 두 번째, 세 번째 대한인국민회 아바나 지방회관 자리였다. 첫 번째 아바나 지방회 건물은 가구점으로 큰돈을 벌었다는 이종헌의 집이었다. 아쉽게도 자료가 부족해 첫 번째 건물은 찾을 수가 없었다. 1939년 아바나에 흥민학교가 설립되는데 이때 두 번째 지방회관(Sol No.409)을 따로 만들어 썼다. 이곳에서 서병학 등이 야학을 열고 국어 등을 가르쳤고 해방 후에는 소병하가 비슷한 교육을 실시했다고 한다. 그러다 안순필Pedro Anh과 마리아 김Maria Kim 부부의 집을 회관(Sol No.109)으로 사용한다.

자료에 나와 있는 번지수를 하나하나 짚어가며 Sol No.409 위치에 도착했다. 그런데 아무리 둘러봐도 409번지를 찾을 수가 없었다. 사진 자료와 주변을 비교해봐도 똑같이 생긴 건물이 눈에 띄지 않았다. 이리 보고 저리 봐도 전혀 다른 곳에 와 있는 듯했다. 늘 있는 일이었지만 갑자기 다리에 힘이 빠졌다. 게다가 해는 높았고 날은 더웠다. 그늘에 자리를 잡고 앉아 목을 축였다. 그때 한 쿠바인이 다가왔다. '도대체 여기서 뭘 찾느냐'고 묻는 듯했다. 그에게 가지고 있던 사진을 내밀었다. 그는 건물로 올라가야 한다고 했다. 남의 집에 들어가는 것 같아 선뜻 내부를 살피지 못했는데 그는 떠밀 듯 건물

안을 향해 손짓했다.

어두컴컴하고 삭막한 공동주택 안. 속살이 다 드러날 정도로 낡은 계단이 난간조차 없이 위태롭게 위로 뻗어 있었다. 때를 벗은 빨래들이 쨍한 햇빛 아래 일광욕을 즐기고 있는 건물 옥상, 주소를 찾지 못한 이유가 그제야 설명됐다. 사진 속 건물이 마치 옥탑방처럼 자리 잡고 있었다. 마침 빨래를 걷던 사람이 있었다. 그에게 건물을 가리키며 "꼬레아노?"라고 물었다. 그가 오른손 엄지를 자기 목에 가져다가 좌우로 그었다. 살던 사람이 죽었단 이야기였다. 그러면서 건물 안에는 들어갈 수 없다며 손을 내저었다. 대를 이어 누군가 여길 지키고 있겠지란 근거 없는 기대는 역시 지나친 생각이었다.

망국 앞에 애타는 망향을 노래하던, 매년 3·1혁명 기념식이 거행되던 그리고 한인들의 잔치가 열리던 곳이었다. 그 누구의 죽음과 거기 채워진 자물쇠 하나가 이 모든 역사의 현장을 어둠 속에 몰아넣고 있었다. 우두커니 망자의 공간을 바라봤다. 무기력하게도 그 앞에서 할 수 있는 게 하나도 없었다. 야속한 현실이었다.

왠지 모르게 할머니 옆에 누워 옛날이야기를 들으며 등을 긁어 달라고 했던 아득한 추억과 내 조상의 장례식 날이 떠올랐다. 일면식도 없는 사람의 죽음이었건만, 태평양 건너 한 납골당에 잠들어 있는 내 조상이 떠오른 건 왜일까. 혹 망자의 얼굴이 내 할머니 얼굴과 닮진 않았을까, 하는 상상 때문이었는지 모르겠다.

노글노글한 푸진 바람에 흐느적거리는 빨래들이 몸을 비비며 잔물결을 만든다. 화창하고 적막한 정오 풍경이었다.

건물을 빠져나와 세 번째 지방회관으로 쓰였던 Sol No.109를 찾아 나섰다. 지도에 표시해둔 목적지에 도착했지만 이번에도 지도 위치와 주소가 맞아떨어지지 않았다. 골목을 따라 한참 더 내려가니 제대로 된 주소가 나왔다. 과거 이 건물 1층에는 직물공장이 있었고, 여기서 세 번째 지방회 건물에 살던 마리아 김이 일을 했다고 한다.

건물 1층에 사는 현지인에게 사진을 보여주고 위치를 물었다. 그녀는 눈을 크게 뜨고 "라차로! 라차로!"라고 소리쳤다. 그러곤 자신의 아들에게 어디론가 가보라며 등을 떠밀었다. 찾던 집에 라차로란 사람이 살고 있는 모양이었다. 잠시 뒤 빨간색 민소매 티셔츠를 입은 라차로가 나타났다. 악수를 나누고 지금 살고 있는 집이 한국 역사와 관련 있다는 설명을 했다. 그는 덤덤히 건물 꼭대기로 날 안내했다.

옥상으로 올라가자 낡은 철 계단이 옥탑방으로 이어져 있었다. 사진으로 보던 그 모습이었다. 문을 열고 들어선 세 번째 아바나 지방회 건물 내부는 적잖이 충격이었다. 집기는 모두 널브러져 있었고 개수대는 한참을 쓰지 않은 듯했다. 마치 잡동사니를 모아둔 영화의 미장센 같아 보였다. 사람이 살고 있는지 의심이 들 정도였다. 기억은 망각 앞에 희미해지고 역사는 무관심 속에 사라진다. 망각과 무관심이 한인들의 사랑방이었던 곳을 꽉 채우고 있었다.

잠시 무연한 눈으로 집 안을 훑어보는 사이 라차로가 아버지 사진을 꺼내 왔다. 입바람을 불면 인화지 위에 색이 모두 날아갈 것 같은 빛바랜 사진이었다. 사진 속 주인공은 에스테반 안Esteban Ahn이었

다. 라차로는 그의 후손이다.

독립운동 현장이란 안내판은 고사한 낡고 어지러운 곳이었지만 단지 이곳에 피가 섞인 사람이 산다는 이유만으로 이상한 안온함이 밀려 들었다. 다시 라차로의 얼굴을 천천히 뜯어보니 한인의 윤곽이 읽혔다. 붉게 그을린 피부와 이국적 이목구비 뒤에 숨겨진 내 자화상이 어렴풋하다.

그를 자리에 앉게 했다. 그의 뒷모습이 거울에 비치는 자리였다. 렌즈 조리개를 최대 개방해 피사계 심도를 얕게 만들었다. 초점을 거울 속 라차로의 뒷모습으로 옮겼다. 그의 얼굴이 뿌옇게 흐려진다. 위선과 위악 없는 가장 진실한 그가 바로 거기 있다. 뒷모습은 인물의 가장 솔직한 얼굴이자 인생이다.

앵글 안에 왜소하고 작게 배치된 그의 뒷모습, 시간과 기억 너머 서서히 스러지고 있는 그의 얼굴을 동시에 프레이밍했다. 그를 통해 전하고자 하는 메타포는 결국 선명하지 않은 것이다. 그렇다고 아직 다 지워지지 않은.

라차로가 의자에 앉아 있다. 또렷이 응시하나 흐리멍덩한, 잘 읽히지 않는 눈빛이 거기 있다.

잃어버린 영웅을 찾아

예약해둔 합승 택시에 몸을 실었다.

기사는 아바나 여기저기서 세 명의 승객을 더 태운 뒤 도심을 빠져나갔다. 젓가락처럼 곧게 뻗은 도로가 시작됐다. 그렇다고 속도를 낼 수 있는 건 아니었다. 택시는 제법 오래된 외관을 가진 올드카였다. 도로 사정 또한 울퉁불퉁하고 군데군데 오목하게 팬 곳이 많았다. 기사가 액셀러레이터를 조금 세게 밟으면 매캐한 매연이 실내로 들어왔다. 두통이 시작됐다. 사정이 이쯤 되자 올드카의 로망 같은 건 온데간데없어졌다. 두 시간 남짓 달렸을까. 구글맵 위치가 마탄사스를 가리켰다. 어디선가 비릿한 갯벌 내음이 몰려왔다. 택시가 언덕바지에 오르자 발아래로 카리브 해의 푸른 바다가 펼쳐졌다.

마탄사스 버스터미널에서 멀지 않은 곳에 한인 후손이 운영하는 까사Casa가 있다고 했다. 까사는 우리 식으로 민박을 이야기하는데 여행자들이 쿠바에서 가장 많이 이용하는 숙박 형태다.

빅토르 호 차가 운영하는 까사를 찾아갔다. 한국에서 흔히 볼 수 있는 이웃집 할아버지 같은 빅토르가 문을 열고 나왔다. 모습이 같다고 그가 한국어를 할 줄 아는 건 아니었다. 엄연히 빅토르가 태어난 곳은 쿠바다. 그는 '한인' 등의 아주 짧은 단어만 기억하고 있었다. 아버지가 집에서 쓰던 말이라고 했다.

빅토르에게 식사와 숙박을 모두 하겠다며 방을 달라고 했다. 여장을 풀고 떠듬떠듬 스페인어로 마탄사스에 온 이유 등을 설명했다. 빅토르는 독립운동가 호근덕(1889~1975)의 후손이다. 호근덕도 비교적 최근에서야 독립운동 사실을 인정받은 인물이다. 그는 1927년 마탄사스 지방회 회원으로 가입해 이듬해 구제원으로 활동한다. 1933년부터는 민성국어학교 서기와 재무를 맡아보다 그 후 평의원, 재정조사위원, 교장 등을 역임한다. 또 대한인국민회를 통해 임시정부에 독립자금을 지원하는 한편 태평양 건너에서 광주학생항일운동을 돕는 데 앞장선다. 이런 이유로 정부는 지난 2011년 호근덕에게 건국포장을 추서했다. 하지만 그의 후손이 누구인지 알 길이 없었다. 그러다 빅토르가 직계 후손이란 사실이 밝혀지면서 지난 2017년 가까스로 서훈이 전달된다.

그가 큰 비닐봉지를 들고 나왔다. 한눈에 봐도 포장증이었다. 빅토르의 잔뜩 주름 잡힌 손이 포장증을 달래듯 쓰다듬는다. 잠시 침묵이 흘렀다. 아버지의 독립운동 사실을 새까맣게 모르고 산 한평생, 그의 손길에서 짙은 그리움과 애환이 묻어난다. 주섬주섬 다시 메달과 포장증을 챙기는 그에게 내가 할 수 있는 말은 "Esto es muy importante!(이건 무척 중요해요!)"란 말뿐이었다. 빅토르가 비닐봉지에 포장증을 담아 가져올 때부터 조금 더 귀하게 보관할 수 있는 방법이 없을까, 하고 퍽이나 아쉬워하던 차였다.

빅토르가 아버지 묘소에 함께 가자고 했다. 순간 '아차' 하는 생각이 들었다. 사실 마탄사스에는 독립운동가 임천택이 안장돼 있었는데 고국을 떠난 지 99년 만인 지난 2004년, 장남 헤로니모 임(임은조) 품에 안겨 국립대전현충원에 봉환된 바 있다. 그래서 마탄사스에는 독립운동가 묘소가 없다고 단정하고 있었다.

다음 날 오후, 얼핏 봐도 닦고 조이고 열심히 관리한 티가 나는 초록색 올드카를 끌고 빅토르가 나타났다. 그의 차에 올라 마탄사스 외곽 산카를로스San Carlos 공동묘지로 향했다. 임천택의 묘지가 있던 바로 그곳이다. 그를 따라 정문을 통과해 공동묘지 왼편으로 들어섰다. 빅토르가 고목 밑에 차를 멈춰 세웠다. 차에서 내리자 꽤나 넓은 공동묘지가 한눈에 들어왔다. 그의 뒤를 따라 독립운동가 호근덕의 묘소 앞에 섰다. 차갑고 딱딱한 콘크리트 석관이 잔디를 입힌 봉분을 대신하고 있었다. 그는 알았을까. 자신이 묻힐 무덤이 고향의 것과는 많이 다르다는 걸. 묘석에는 'Fernando Jo Lee'란 이름이 적혀 있었다. 호근덕의 쿠바 이름인데 대개의 경우 이름 뒤에 부모 성을 모두 쓰는 게 이곳 방식이다.

물끄러미 그의 묘소를 내려다보자 그 흔한 럼이라도 한 병 챙겼으면, 하고 후회가 들었다. 빅토르가 품에서 작은 태극기를 꺼내 무덤 한쪽에 꽂았다. 엄연히 아버지의 나라였다. 한국은 어쩜 막연한 이미지일 수 있었다. 그래서 더 아스라한 나라일지 몰랐다. 아버지의 심장 속에 살아 있던 상징이 바람에 나부꼈다. 마치 콘크리트 틈으로 새어 나온 들숨과 날숨이 태극을 살아 숨 쉬게 하는 것만 같았다. 작은 감동이 뻐근하게 가슴에서 퍼져나갔다.

찰칵, 찰칵, 셔터를 누를 때마다 한 사람의 죽음이 새겨졌다. 미안한 마음이 들었다. 생의 모습을 담아야 했지만 그러지 못했고, 할 수 있는 거라곤 그의 죽음으로 그의 존재를 기록하는 것뿐이었다. 어쩜 호근덕은 운이 좋은 사람일 수도 있다. 늦었지만 자신이 이 땅에서 고향을 그리던 진심을 인정받았으니, 그 노력과 자부심을 자신의 뿌리에 남길 수 있었으니. 백魄은 땅으로 사라졌으나 혼魂은 하늘에서 영원하다. 그는 죽지 않았다.

빅토르의 까사에 머물 동안 마탄사스 이곳저곳을 촬영했다. 그리고 헤어질 시간이 왔다. 다음 일정을 위해 다시 배낭을 꾸렸다. 셈을 하려고 했다. 방값과 식사비를 합해 100달러가 넘는 돈을 치러야 했다. 달러를 챙겨 그를 찾았다. 빅토르는 알아들을 수 없는 스페인어를 내뱉고는 그냥 자리를 떠버렸다. 이상한 느낌이 들었다. 그의 뒤를 쫓아 다시 이야기를 했다. 그런 날 빅토르는 쳐다보지도 않았다. 옆에 있던 그의 며느리에게 이야기를 했다. 그녀는 빙그레 웃을

호근덕의 후손 빅토르 호 차

Fernando Jo Lao.
☆28-12-1887 †13-3-1975
de sus hijos
EPD

뿐이었다. 잠시 뒤 빅토르의 아들이 왔다. 그는 영어를 할 줄 알았다. 그는 아버지가 돈을 받지 말라고 하셨다고 했다. 손사래를 쳤다. 이 돈이면 쿠바에서 적은 액수가 아니다. 덩달아 빅토르의 아들도 손사래를 쳤다. 그러면서 그가 말했다.

"내가 독립운동 사진을 찍겠다고 네 한국 집에 머물면 넌 어떻게 할 거니? 우리 아버지가 너에겐 돈을 받지 않으시겠대…."

아무런 말도 입술을 헤치고 나가지 못했다. 반박할 수 없는 얘기였다. 아무것도 바라지 않으며 아무것도 기대하지 않으며 아무것도 예상하지 않았을 때 받은 감동은 평생을 두고 삶을 따뜻하게 해준다. 분명히 이 온기는 추억을 꺼내 볼 적마다 마음을 훈훈하게 해줄 거다.

한국에 돌아와 이 일이 두고두고 생각났다. 기회가 돼 인편으로 그에게 작은 선물을 보냈다. 그가 무척 좋아했다는 소식을 전해 들었다. 다시 만나 또 한 번 손을 맞잡길 바란다. 그가 오래오래 건강했으면 한다.

기록,
소멸을 영원으로

마탄사스에는 쿠바에 생긴 첫 번째 야구장이 있다. 숙소에서 멀지 않아 매일같이 이곳을 기웃거렸다. 경기가 끝난 야구장에서 아이들을 만났다. 때론 공을 치고 베이스로 전력 질주하듯, 때론 더그아웃을 향해 종종걸음치듯, 때론 경기에서 이기고 집으로 향하듯 그렇게 셔터를 눌렀다. 100년이 넘는 시간 동안 얼마나 많은 땀이 이곳을 적셨을까, 얼마나 많은 희비가 갈렸을까 그리고 얼마나 많은 아이들의 꿈이 반짝였을까.

마탄사스는 쿠바 야구의 고향 같은 곳이면서 동시에 한인들의 정착 생활이 본격 시작된 공간이다. 마탄사스 시내에서 4킬로미터 정도 떨어진 외곽 핀카 엘 볼로는 1920년대 한인 100여 가구가 이주해 살던 곳이다.

롤란도 김의 택시에 올라 엘 볼로로 향했다. 한인 후손인 그의 원래 직업은 의사인데 월급만으로는 생활이 어려워 택시까지 몰고 있다고 했다. 한국의 상식으론 의사 택시 기사는 퍽이나 어색한 장면이다. 하지만 그는 전혀 개의치 않는 눈치였다. 그런데 그가 택시를 모는 진짜 이유는 차근차근 돈을 모아 미국으로 망명하기 위해서라고 했다. 지금까지 들어본 그 누구의 꿈 중 가장 씁쓸한 이야기였다. 과거나 지금이나 한인들의 삶은 별로 나아진 게 없어 보였다.

삐거덕대는 용수철의 움직임이 고스란히 엉덩이로 전해지는 뒷좌석에 앉아 롤란도와 이야기를 나누다 보니 어느새 엘 볼로로 들어가는 샛길이었다. 헛간 형태 움막 10여 채가 전부였던 이곳에서 한인들은 쿠바의 삶을 시작한다. 공동 우물 하나만 있을 뿐 전기도 상수도도 화장실도 없던 엘 볼로의 생활은 얼마나 남루하고 비루한 것이었을까.

큰길에서 우회전해 조금 들어가자 쿠바 분위기와는 사뭇 다른 작은 탑이 나왔다. 지난 2005년 미국 시애틀 한인연합장로교회가 후원한 기념비였다. 한국어와 스페인어로 적혀 있는 표지석 내용은 이렇다.

> 여기 '엘 볼로'에 1921년 이민으로 온 대부분의 한인들이 큐바 유일의 전통 한인촌을 이루어 살면서 에네껭 수확에 힘쓰는 한편 고국의 역사와 언어를 가르치는 한국학교를 세우고, 교회와 한인회

를 설립하여 우리의 전통문화 계승을 위해 노력하였다. 이들 후예들이 이 귀중한 역사적 사실을 기억하고 보존하기 위하여 기념비를 세우게 되었으며, 이 사업은 시애틀 한인연합장로교회의 도움으로 가능하게 되었다.

쉽게 생각하면 기념비 하나 세우는 일이 뭐 그렇게 어려울까, 싶지만 쿠바는 한국과 수교를 맺어본 적 없는 나라다. 국가 차원의 사적지 관리가 불가능했고 지금까지도 그런 상황은 계속되고 있다. 그나마 민간 차원 교류가 있었기에 이마저도 가능한 일이었다.

기념비를 중심으로 사방 펜스가 둘러져 있고 여길 다시 키 작은 애니깽이 감싸고 있다. 눈길을 끈 건 우리네 전통가옥을 본떠 올린 기념비 지붕이었다. 기념비 전체를 놓고 보면 어딘가 모르게 부조화스럽고 어색해 보이는 장면이었다. 우리 것이라고 하기에도 그렇다고 남의 것이라고 하기에도 애매한, 그럼에도 주변과 이상하리만큼 조화를 이루는 풍경이었다. 두 개의 문화가 만나는 지점 어딘가에 놓여 있는 그 누구의 것도 아닌 묘한 분위기에 한동안 주변을 맴돌았다.

기념비를 지나 마을 고샅길로 들어섰다. 과거 엘 볼로 입구엔 한인들이 집단 거주했던 방 두 칸짜리 기숙사가 있었다고 했다. 그 옆 공터에선 3·1혁명 기념식 등이 치러졌다. 한인들은 기회가 되면 이곳에서 무용회와 음악회 등까지 개최했다고 한다.

마을에는 대한인국민회 지방회 회관과 한인감리교회 등이 자리

엘 볼로 한인 이민 기념비

잡았고 우리말과 역사를 가르친 민족교육기관 민성국어학교도 들어섰다. 독립운동가 임천택이 1932년 야학 교실을 열고 청년들에게 애국심을 심기 위해 노력한 장소도 여기다.

기록에 따르면 쿠바 지방회 지출 항목 중 학교 운영비가 가장 높은 비중이었다. 학교를 세우는 일은 한인 디아스포라 전 지역에서 발견되는 공통점이다. 중앙아시아로 간 사람들이 그랬고, 하와이로 간 사람들이 그랬고, 만주와 연해주로 간 사람들이 그랬다. 하루하루 주린 배를 채우기도 힘든 상황에서도 조상들은 끈덕지게 교육사업을 통해 우리 것을 지키고 후대에 조금 더 나은 삶을 물려주고자 했다. 이는 우리 민족 특유의 집념이자 신념이다. 전 세계적으로 나타나는 이 현상을 어떻게 우연으로만 치부할 수 있겠나, 과학적으로 증명할 수 없는 민족의 혼과 얼, 보이지 않는 우리의 기상이라고 밖에는 설명이 안 되는 부분이다.

생명력을 잃어버린 지 오래인 마을 어귀. 골목마다 무기력함이 떠돈다. 녹슬고 방치된 잡기들이 마을의 부침을 말해주는 것만 같다. 태양이 정수리 위에 떠 있음에도 짙은 어둠 속에 들어와 있는 듯한 싸늘한 분위기였다. 드문드문 마을 주민들이 창문 너머로 이방인을 곁눈질했지만 어디서도 활력이라곤 찾아볼 수 없었다.

그런 마을 한가운데 한글학교이자 교회로 쓰던 건물이 남아 있었다. 과거 이 땅을 터전으로 삼았던 사람들의 유일한 흔적이었다. 오래전부터 현지인이 살고 있는 집이기도 했다. 집주인은 한인의 흔적을 찾아왔노라는 말에 거부감 없이 문을 열어주었다. 집 안 내부는 건물 밖과 크게 다르지 않았다. 아무 치장도 없는 콘크리트 자갈 골조 그대로였다. 도배나 페인트칠 자체가 전혀 어울릴 것 같지 않았다.

시선을 천장으로 옮겨 구석구석을 살폈다. 혹시 대들보에 작은 글씨라도 남아 있지 않을까, 하는 기대였다. 집주인은 수십 년을 살았지만 그 어떤 흔적도 발견하지 못했다고 말했다. 그에게 당신을 사진으로 남기고 싶다고 했다. 그는 살짝 수줍은 미소를 지으며 문 옆에 서주었다. 조상들의 건물에 살고 있는 현지인을 기록하는 게 무슨 소용이랴. 그럼에도 차근차근 지금을 남겨놓아야 한다. 그래야 "그래서요. 조상들이 사라진 거기엔 누가 살고 있었죠?"란 후대의 질문에 답을 할 수 있지 않나.

다큐멘터리 사진은 그런 거다. 있는 대로 담아내는 것, 멋 부리지 않고 또박또박 정직하게 쌓아놓는 것, 작은 것도 놓치지 않는 것, 거기에 약간의 자기 생각을 담아내는 것. 그럼 모든 걸 소멸시키는 시간에 맞서 기록된 모든 걸 영원으로 이끌 수 있다. 아카이빙Archiving은 그런 거다.

엘 볼로 한글학교이자 한인교회 터

사람이

곧 하늘이다

멕시코〔墨西哥〕의 김기창(金基昶) · 이종오(李鍾旿), 쿠바의 임천택(林千澤) · 박창운(朴昌雲) 등 제씨가 임시정부에 후원하였다.

《백범일지》 중에서

1937년 10월부터 1941년 사이 임천택과 박창운은 중국은행인 'Banco China de La Havana'를 통해 임시정부 대통령 김구에게 세 번에 걸쳐 총 1,835달러 87전을 보냈다. 360달러 52전, 618달러 30전, 858달러 05전이다. '쿠바와 함께 한국의 승리를 위해(Corea por la victoria con Cuba)'라고 쓴 금속 메달과 국기를 팔아서 만든 돈이었다.

《멕시코 한인 이민 100년사》 중에서

임천택은 쿠바의 대표 독립운동가로 손꼽힌다. 1903년 경기도 광주에서 태어나 두 살 때 어머니 품에 안겨 멕시코에 도착한 그는 18살 때 쿠바로 넘어와 엘 볼로 애니깽 농장 노동자로 일한다.

먹고사는 일을 제외하면 한인들의 가장 큰 고민은 후세들의 민족교육과 독립운동이었다. 그러했기에 학교를 세우기로 의견을 모으고 1922년 가을 엘 볼로에 민성국어학교를 설립한다. 쿠바 지방회는 1923년부터 10년 가까이 학교를 후원한다. 1932년부터는 민성국어학교를 직속 교육기관으로 두고 모든 운영을 도맡는다. 임천택은 1925년부터 3년 동안 이 학교 교사로, 1931년부터 5년간 교장으로 활동한다.

그는 1932년 3월 10일 엘 볼로에 청년학원을 세우고 야학 교실까지 운영한다. 교육 내용은 쿠바에서 나고 자란 청년들에게 민족혼을 심어주는 데 초점이 맞춰져 있었다. 임천택은 야학 원장 교사로 헌신을 다한다. 그러던 중 신경쇠약을 앓게 된다. 너무 많은 일을 했던 걸까. 그의 악화된 건강처럼 학교도 시름시름 힘을 잃게 되고 점점 운영이 어려워진다. 몸을 추스른 임천택은 1938년 대한여자애국단 쿠바 지부가 설립되자 고문으로 추대돼 '독립군 후원 1전 모금운동' 등을 전개해나간다.

우리 정부는 1997년 임천택에게 건국훈장 애국장을 수여한다. 서훈이 늦어진 것은 쿠바가 우리에게 적성국가였기 때문이다. 이토록 쿠바는 물리·심리적 거리 모두 대한민국에서 가장 먼 나라였다.

이역만리 타향에서 민족교육과 독립자금 모금에 팔을 걷어붙인 임천택의 성정을 잘 보여주는 사건이 하나 있다. 1951년 임천택의 회고에 따르면 1926년 통신 연락으로 접하게 된 잡지 〈개벽〉의 이두성이란 사람 소개로 〈신여성〉, 〈어린이〉, 〈별건곤〉, 〈조선농민〉, 〈신인간〉 등을 구독하면서 천도교에 대해 알게 된다. 이두성의 권유로 임천택은 1928년 4월 1일부터 '성미(誠米, 끼니마다 쌀을 조금씩 모아 교단에 바치는 천도교 의식)'를 뜨기 시작한다. 그는 본디 기독교 감리교인이었다.

임천택은 1929년 마탄사스에 비해 종교시설이 전무했던 카르데나스로 이주해 천도교 포덕(포교) 활동을 이어나간다. 1930년 3월 23일 카르데나스 김세원의 집에 20여 명이 모여 쿠바 천도교 종리원(교회) 창립식을 거행한다. 초대 원장은 김세원이 맡는다. 김덕순(성도집), 한익권(경도집), 김봉희(신도집), 이세창(법도집), 장윤익(지도집) 등이 임원에 임명된다.

그런데 천도교를 쿠바에 처음 소개한 것으로 알려진 임천택이 임원 명단에 들지 못한 게 의문이다. 당시 임천택은 카르데나스 지방회 회장이자 진성국어학교(카르데나스 지방회가 설립한 한인 2세 교육기관) 교장으로 결코 무게감이 떨어지는 인물이 아니었다. 이를 두고는 임천택 외에도 천도교와 관계를 맺고 있는 사람이 여럿일 수 있다는 설, 임천택이 이때 천도교를 알게 됐을 수도 있다는 추측, 연장자를 우대한 결과란 이런저런 이야기만 나돌 뿐이다. 안타깝게도 쿠바에 이를 증명해줄 사람은 이제 하나도 남지 않았다.

임천택은 1931년 5월 10일 신임 임원 선출에서 감사원이 되는데 그해 말 건강이 나빠져 마탄사스로 돌아간다. 아마도 엘 볼로에 야학을 설립하기 전부터 그의 건강이 좋지 않았던 걸로 보인다. 그러자 카르데나스 쿠바 종리원은 중앙본부(중앙 교회)에 대한 의무를 다하지 못해 자격 유지조차 힘들 상황에 놓인다.

그러던 1933년 천도교 중앙 본부는 임천택을 쿠바 천도교 종리원장으로 임명한다. 이듬해엔 '덕암'이란 도호도 수여한다. 그렇게 몇 년간 성미를 뜨며 천도교인으로 살던 임천택을 분노케 하는 소식이 전해진다.

1937년 천도교 중앙본부의 최린(3·1혁명 당시 민족대표 33인 중 한 명) 일파가 친일로 돌아섰다는 이야기였다. 임천택은 큰 충격과 배신감에 휩싸인다. 사람이 곧 하늘이란 '인내천人乃天' 사상을 믿고 희망을 걸었던 그였다. 하늘이었던 사람, 사람이었던 하늘, 그들이 나라를 저버린 거였다.

기억도 나지 않는 고향이었다. 그럼에도 저버릴 수 없는 향수였다. 그는 잊는 편보단 애모하는 편에서 그 향기를 후대에 잇기 위해 열심을 다한 사람이었다. 그에게 친일은 결코 받아들일 수 없는 범죄였다. 그는 곧장 쿠바 천도교 종리원을 폐쇄해버린다. 그리고 다시 감리교인이 된다. 1928년부터 이어진 쿠바의 천도교 역사는 이로써 9년 만에 막을 내리게 된다.

임천택은 신을 모시다 사람에 심취했고 그 사람의 잘못으로 다시 신에게 돌아갔다. 하지만 임천택에게 신보다 위에 있었던 건 민족이고 또 독립이었다. 임천택의 종교 변화는 투철했던 민족애의 다른 모습이다. 결국 그는 종교 안에 자신을 가두길 원치 않았던 사람이지 않았을까.

천도교는 대종교와 더불어 독립운동사를 설명하는 데 빼놓을 수 없는 종교다. 3·1혁명을 계획한 민족대표 33인 중 15명이 천도교인이었던 건 너무 잘 알려진 사실이다. 동학에서 시작해 혁명적 사상으로 백성들을 보듬었던 우리 민족종교가 지구 반대편 쿠바까지 전해졌단 사실은 참 반갑고 놀랍다. 그럼에도 친일을 위한 자기배반이 태평양 건너 순수한 영혼에 남긴 상처가 지금까지도 속을 쓰리게 한다.

기록자
임천택

눈부신 햇살과 하늘거리는 바람이 좋은 날이었다. 마탄사스에 있는 마르따 임 김의 자택을 방문하는 길이었다. 언덕 위에 자리 잡은 집은 마탄사스가 한눈에 내려다보일 정도로 전망이 좋았다.

집 안은 정리 정돈이 잘 돼 있었다. 필시 꼼꼼하고 섬세한 성격의 소유자일 거다. 마르따의 서재엔 한국 관련 책이 빼곡했다. 쿠바 여행기부터 한국어 서적까지. 벽 한쪽에는 십자수 액자가 걸려 있고 냉장고에는 아버지 나라의 상징이 붙어 있다. 집 안 풍경은 한국의 여느 집 분위기와는 사뭇 달랐지만 보물찾기라도 하듯 곳곳이 뿌리에 대한 코드로 가득했다.

그녀의 아버지 임천택은 1953년 쿠바 유일 한인 이민 역사서 《큐바이민사》를 남긴 바 있다. 32쪽으로 구성된 이 책이 아니었다면 초기 한인 디아스포라 연구는 지금보다 더 큰 어려움에 처했을지 모른다.

마르따는 아버지가 남긴 기록을 바탕으로 현지를 답사하고 관공서를 찾아다니며 자료를 모았다. 작업은 쉽지 않았을 거다. 일일이 발품을 팔며 구술을 녹취하고 케케묵은 관공서 캐비닛에서 뽀얀 먼지 쌓인 자료를 쉼 없이 뒤져야 하는 일이었을 거다. 마르따와 작고한 그녀의 남편(라울 R. 루이스)이 3년간 공동으로 집필해 나온 책이 《쿠바의 한국인들Coreanos en Cuba》이다. 이 책은 지난 2000년 쿠바 문화부로부터 최고 학술 출판상을 수상했다. 아버지의 기록에 자신의 연구와 취재를 더해 완성한 과업이 빛을 보는 순간이었다. 이 책은 분명 한인들의 역사를 미래로 잇는 새로운 키가 될 거다.

집을 둘러보는 사이 그녀가 《큐바이민사》 원본을 들고 나왔다. 노랗게 색이 바랜 모습이 마치 고서를 보는 듯했다. 조심스레 책장을 한 장 한 장 넘기자 깨알 같은 글자들이 아로새겨져 있다. 기록의 중요성을 깨달았던 한 사내의 흔적은 길고 먼 시간의 강을 거슬러 오르게 하는 느낌이었다. 페이지를 다 넘기자 과거에서 미래를 읽어낸 혜안과 포기하지 않았던 한 독립운동가의 신념이 고스란하다. 그리고 또 한 번 바다를 건넌 사람들의 희로애락이 오롯하다.

아버지를 설명하는 마르따의 눈이 초롱초롱 빛난다. 있는 거라곤 몸이 전부였던 그 시절 그녀도 아버지를 따라 엘 볼로에서 생활했다. 야심한 밤 눈치를 보며 후미진 곳에서 무더웠던 날의 땀을 훔쳐내야 했던 아득한 기억이 미소가 돼 돌아온다.

그녀를 흔들의자에 앉게 했다. 의자가 요람처럼 그녀를 감싸 안는다. 상이 또렷하지 않은 사진을 찍을 거라고 설명했다. 카메라를 응시하는 당당한 눈빛 어딘가에 그리움과 외로움이 뒤섞여 있다. 어쩜 내 이런저런 질문이 그녀를 과거로 데려간 걸 수도 있다.

셔터가 몇 번 움직이자 그녀가 잠시 촬영을 멈춘다. 의상을 갈아입겠다고 했다. 잠시 뒤 치마를 입고 나온 그녀는 엘 볼로를 뛰어 놀던 수줍은 소녀가 돼 돌아왔다. 뷰 파인더 건너 그녀 얼굴에서 슬며시 수줍음이 피어오른다. 그 옛날 무덥기만 했던 그날처럼.

임천택의 후손 마르따 임 김

체 게바라의

친구 헤로니모 임

1926년 쿠바에서 한 한인 후손이 태어난다. 가톨릭 성인 헤로니모와 성씨 임을 붙여 이름을 지었다. 헤로니모 임은 18살이 되던 1943년, 마탄사스 종합대학 법학과에 합격한다. 하지만 넉넉하지 못한 집안 살림 탓에 입학금을 걱정해야 하는 처지였다. 이 소식을 전해들은 동포들이 십시일반 모금에 나선다. 그렇게 그는 쿠바 한인 2세 중 최초의 대학생이 된다. 헤로니모는 집안의 자랑이자 한인 전체의 자부심이었다.

첫 학기가 한창일 때 대형 태풍이 쿠바를 쑥대밭으로 만든다. 그러자 부패 관리들이 수해 지원품을 빼돌려 사익을 취한다. 헤로니모는 학생들을 규합한다. 그는 반정부 투쟁 선봉에서 쿠바를 변화시키고자 했다. 혁명가 헤로니모의 마수걸이 활동이었다.

경찰은 그를 체포해 구속시킨다. 석방을 위해 교수들이 나섰다. 그 덕분인지 그해 겨울 자유의 몸이 된다. 하지만 학교를 그만둬야 했다. 1945년 스무 살 헤로니모는 쿠바 최고 명문 아바나 대학교 법학과에 합격한다. 그는 주경야독하며 고학을 이어간다. 이때 법대에서 한 동갑내기 쿠바 청년을 사귀게 된다. 피델 카스트로였다.

피델은 1946년부터 라몬 그라우Raymón Grau San Martin 대통령의 부정부패에 대항해 학생운동에 뛰어들었는데 헤로니모와 피델의 동생 라울도 힘을 보탠다. 헤로니모는 라몬 정권이 대학 내에 우익 갱단원 등을 투입하는 등 학생운동을 탄압하는 과정에서 다시 경찰에 체포돼 고초를 겪는다.

헤로니모는 1952년 아바나에서 크리스티나 장과 결혼한다. 이 무렵 3월 쿠데타를 일으켜 라몬 정권을 전복시킨 바티스타 정부의 공포정치가 정국을 혼돈으로 몰고 간다. 바티스타는 대학 · 언론 · 의회 등을 무력으로 장악한다. 전 정권과 마찬가지로 경제적 이익도 착복한다. 지하에선 새로운 반독재 투쟁이 꿈틀댄다. 그렇게 헤로니모는 거대한 혁명의 물결 속으로 휩쓸려 들어간다.

1953년 7월 26일, 피델과 라울 등 165명의 청년들이 쿠바 제2의 도시인 산티아고 데 쿠바Santiago de Cuba 몬카다 병영을 습격한다. 무기를 탈취해 전국봉기에 나선다는 계획이었다. 하지만 무모한 짓이었다. 당시 이 병영은 쿠바군의 군사 요새 중 두 번째로 큰 규모였다. 결과는 대실패였다. 피델과 라울은 산티아고 감옥에 투옥된다. 그런데 반전이 일어난다. 철없는 짓으로만 보이던 이 사건이 전국적 무력투쟁의 불씨가 된다. 헤로니모도 곧바로 투쟁에 합류한다.

피델은 1955년 특별사면으로 풀려나 멕시코로 망명한다. 거기서 한 청년을 만나게 된다. 아르헨티나 부에노스아이레스 대학교 의학과를 졸업한 에르네스토 라파엘 게바라 데 라세르나Ernesto Rafael Guevara de la Serna였다. 흔히 그를 '체 게바라'란 애칭으로 부른다. 그는 과테말라에서 의사로 활동 중이었는데 미국 CIA의 도움을 받은 반공세력이 과테말라 혁명정부를 전복시키자 멕시코로 망명한 상태였다. 피델과 체 게바라는 멕시코에서 1956년까지 게릴라 훈련을 받는다. 그리고 800여 명 규모의 혁명군을 창설한다.

한편 헤로니모는 아바나에서 세력 규합과 정보 수집 등 지하투쟁을 계속하고 있었다. 그러던 중 멕시코에 있던 피델과 체 게바라가 그란마 호를 타고 쿠바로 향한다. 배엔 카밀로 시엔푸에고스Camilo Cienfuegos 등 혁명군 82명이 타고 있었다. 그들은 1956년 12월 2일 새벽 쿠바 남동부 라스콜로라다스 해안에 닿는다. 미리 기다리고 있던 군인들과 총격전이 벌어진다. 살아남은 사람은 10여 명 남짓이었다. 목숨을 건진 혁명군들은 산악지대 시에라 마에스트라Sierra Maestra에 은신한 채 기지를 구축하고 홍보전에 돌입한다. 바티스타 정권에 실망한 시민들이 점점 혁명군에 힘을 실어준다.

1958년 가을, 세를 불린 혁명군이 도시 진격을 전격 단행한다. 기세는 파죽지세였다. 혁명군은 이듬해 1월 1일 고대하던 아바나에 입성한다. 바티스타는 쫓기듯 도미니카공화국으로 망명한다. 상륙 2년 남짓 만에 거둔 혁명의 성공이었다. 헤로니모는 혁명 공로로 지하투쟁 메달을 받게 된다. 이 당시 피델과 헤로니모는 33살, 체 게바라는 31살 밖에 되지 않았다.

혁명 정부는 1959년부터 본격적으로 사회주의 정책을 도입한다. 친미 기업 등 쿠바 산업체의 80% 가까이가 국유화된다. 미국은 보복 조치로 쿠바에 대한 경제봉쇄를 단행했다. 또 1961년 쿠바 망명자 1,500여 명을 주축으로 특수부대를 조직해 피그스 만 침공Bay of Pigs Invasion까지 일으킨다. 혁명정부를 전복하겠단 뜻이었다. 침공은 실패로 돌아간다. 이 일로 쿠바와 미국은 영영 돌아올 수 없는 강을 건넌다.

혁명 뒤 헤로니모는 경찰청장 보좌관으로 발탁된다. 그에게 썩 어울리는 업무는 아니었다. 얼마 뒤 그는 체 게바라가 장관을 맡고 있던 산업부로 자리를 옮겨 국유화 사업을 추진한다.

그러던 1965년 4월 체 게바라가 '쿠바에서는 모든 일이 끝났다'란 편지를 남기고 벨기에 식민지 아프리카 콩고로 떠난다. 또 다른 혁명이었다. 하지만 계획은 수포로 돌아간다. 그는 다시 아바나로 돌아온다. 그리고 1966년 볼리비아의 정글로 들어가 재차 혁명을 시도한다. 이듬해 10월 어느 날, 체 게바라는 정부군과 치열한 교전 끝에 체포된다. 그리고 다음 날 총살된다.

헤로니모는 쿠바 산업부 관료로 재직하다 1988년 식량구매 국장을 마지막으로 공직에서 은퇴한다. 이때 정부로부터 1965년산 소련제 라다 승용차를 선물받는다. 그런 뒤 아바나 인근 키테라스 시장을 거쳐, 동아바나 지역 인민위원장 등을 역임한다. 1991년 소련이 붕괴하자 쿠바 경제가 급속히 어려워진다. 헤로니모에겐 소련제 라다 승용차가 있었다. 그는 아바나의 택시 운전사가 된다.

헤로니모는 임천택의 장남이자 세르히오의 형이자 마르따의 오빠다. 또 피델과 체 게바라의 친구였고 쿠바 혁명의 영웅이었다. 그랬던 그는 은퇴 뒤 택시를 몰며 한인회 조직과 자신의 뿌리를 찾기 위해 여생을 헌신하다 쿠바에서 눈을 감는다.

반동분자

배낭을 메고 버스에 오르고 길을 헤매다 숙소를 찾고 입에 맞지 않는 음식을 넘기는 일은 불평할 수 없는 일상이었다. 때론 상술에 당하기도 했고 택시 기사와 실랑이를 벌이기도 했다. 이따금 몸이 아플 때도 있었다. 그럴 때면 집을 떠나올 때부터 아껴뒀던 약을 입 안에 털어 넣었다. 이번 여정도 이런 일들의 반복이었다. 하지만 이 작업은 여행이 여행으로 끝나는 걸로는 불가능했다. 작업의 승패는 현지에서 누구에게 어떤 도움을 받느냐에 달려 있었다.

마탄사스에서 카르데나스로 가는 합승 택시를 잡아탔다. 중간에 한 번 차를 갈아타야 했는데 현지 택시 기사들이 담합을 했는지 다들 너무 비싼 가격을 불렀다. 언제 올 지 모르는 버스를 무작정 기다렸다. 버스가 설 때마다 내가 할 수 있는 일은 "카르데나스?"라고 외쳐보는 것뿐이었다.

배낭을 앞뒤로 메고 버스가 설 때마다 이리 뛰고 저리 뛰는 모습이 맘에 쓰였는지 한 사내가 자기도 카르데나스로 가니 버스가 오면 알려주겠다고 했다. 그제야 안심이 좀 됐다. 다행히 영어를 조금 하는 친구였다. 그런 뒤 10분 정도 지났을까. 버스 한 대가 섰다. 차에 오르자 모든 시선이 내게 쏟아졌다. 그도 그럴 것이 카르데나스는 외국인이 여행 삼아 가는 곳이 아닐뿐더러 현지인 버스를 타고 가는 건 더더욱 드문 일이었다.

다들 내 행색에 꽤나 동정이 가는 모양이었다. 한 승객은 내게 자리를 양보하려고까지 했다. 옆에 서 있던 한 아저씨가 내게 일본 사람이냐며 국적을 물었다.

"카르데나스! 꼬레아노!"

대답이 조금 우스웠는지 몇몇이 배시시 미소를 짓는다. 그렇게 20분 정도 달렸을까. 버스가 카르데나스 중심지에 들어섰다. 내려야 할 곳이었다. 도움을 준 사내도 내릴 준비를 했다. 그의 친절 덕분에 노심초사 기다리던 버스에 편히 오를 수 있었다. 누군가 여행을 왜 하냐고 물으면 서슴없이 이런 도움에서 얻을 수 있는 따뜻함 때문이라고 말할 거다.

버스에서 내리고 보니 아니 글쎄 요금이 우리 돈 100원이 채 되지 않았다. 택시요금보다 100배나 싼 금액이었다. 수지맞은 날이었다.

"그라시아스, 아미고! 아디오스!"

기분 좋게 도움을 준 친구에게 악수를 청하며 인사를 건넸다.

"잠깐, 나 때문에 버스 탔으니까 내게 수고비를 줘야 해!"

'그래, 여행이 그런 거였지.'

떨떠름한 기분으로 마차에 올랐다. 마부에게 종이에 쓴 주소를 보여주었다. 마부가 곧장 말을 몰아간다. 카르데나스는 자동차보다 마차가 더 많은 동네다. 흔히 말 택시라고 부르는 교통수단인데 도심 내에서 우리 돈 1,000~2,000원이면 이용할 수 있다.

'달그락, 달그락' 말발굽 소리에 맞춰 도로 위를 달렸다. 도시는 네모반듯한 정방형이었다. 그래서 어디가 어디인지 쉽게 구분이 되질 않았다. 거의 똑같은 골목의 연속이었다. 마부가 한 집 앞에 마차를 세웠다.

카르데나스 한인후손회 회장 아델라이다 김의 집을 찾아가는 중이었다. 목적지가 맞는지 확실하진 않았지만, '똑똑' 문을 두드렸다. 인기척이 없었다. 다시 문을 두드렸다. 반응이 없었다. 그늘에 배낭을 눕히고 털썩 죽치고 앉아 정수리를 후끈 달아오르게 하는 햇볕을 피했다.

멀리서 자전거 한 대가 다가왔다. 느릿느릿 거리가 좁혀지자 쿠바인은 아닌 것 같았다.

"안녕하세요?"

그가 자전거를 세우며 또렷한 한국어 발음으로 인사했다. 김기헌 선교사였다. 아바나 호세 마르티 한국 쿠바 문화 클럽에 갔을 때 카르데나스에 가면 꼭 만나보란 소개를 받은 적 있었다.

P 184 147

김기헌 선교사는 내 도착 시간에 맞춰 마중을 나오는 길이라고 했다. 그때였다. 골목 끝에서 곰살맞은 아주머니 한 분이 비닐봉지를 흔들며 흐늘쩍흐늘쩍 걸음을 옮기는 게 보였다. 김기헌 선교사는 그녀와 베소(beso, 볼 뽀뽀)를 나누었다. 바로 찾던 아델라이다 회장이었다. 집에 들어가 자리를 잡고 냉수 한 잔으로 숨을 돌렸다. 잠시 뒤 그녀가 식사와 커피를 내왔다. 갑작스러운 식사 대접에 어쩔 줄 몰라 했지만 정신없이 접시를 비웠다.

쿠바에는 대략 1,100명 정도의 한인 후손들이 살아가고 있다. 이 중 카르데나스에만 300여 명이 거주 중이다. 이는 지역별 거주 인원 중 가장 많은 수치다. 멕시코에 있던 한인들이 건너오고 5년 뒤인 1926년 쿠바 내 한인 분포는 마탄사스 108명, 카르데나스 101명, 마나티 24명, 그 외 지방 24명 등이었다. 과거부터 마탄사스와 카르데나스는 한인들이 가장 많이 거주하는 도시였다.

한인 후손을 찾는 건 아델라이다 회장의 도움이 있으면 얼마든 가능한 일이었다. 또 김기헌 선교사도 기꺼이 도움을 주겠다고 했다. 하지만 독립운동가 후손을 찾는 건 간단한 일이 아니었다. 누가 누구의 자손인지 몰라 전달하지 못하는 서훈이 쿠바에만 15개쯤 된다. 또 서훈이 가능한 독립운동가 후손이 100명 가까이 있는 것으로 파악된다. 시간에 파묻힌 독립운동가 후손을 한 사람, 한 사람 찾아내고 싶지만 이건 내 능력 밖 일이었다.

일이 이 지경이 된 건 한국과 쿠바의 외교관계가 전혀 없었기 때문이다. 북한이라도 나서주면 좋으련만 그들은 이런 일에 관심이 없는 듯했다. 쿠바의 한인들과 북한 사이에는 웃지 못할 해프닝이 하나 있다.

피델과 체 게바라가 혁명에 성공하자 북한은 1960년 8월 쿠바와 국교를 맺고 이듬해 4월 아바나에 대사관을 설치한다. 그리고 마탄사스, 카르데나스 등에 살고 있는 한인들을 찾아 나선다. 북한은 동포들을 체제 선전 도구 등으로 활용하려고 했다. 그런데 후손들이 갖고 있던 사진을 훑어보던 중 태극기가 눈에 띈다. 북한 대사관 사람들은 이를 이데올로기적 시각으로 보고 "반동분자"라고 윽박지르며 날카로운 반응을 보였다고 한다. 한인들은 쿠바에서 구한말부터 사용하던 태극기를 줄곧 써왔다. 이는 엄연히 분단과 관련 없는 우리 민족의 상징이다.

태극기에 대해 좀 짚고 넘어가자. 1875년 9월 일본 군함 운요호가 강화도 앞바다에 불법으로 침입한다. 조선군과 일본군이 충돌한 '운요호 사건'이었다. 양국 대신들이 협상 테이블에 앉는다. 이 자리에서 일본측은 조선군이 자국 국기를 보고도 포를 쏘았다며 트집을 잡는다. 국기를 달고 있는 선박은 약탈이나 침략 의사가 없다는 얘기였다. 조선 대신들은 국기가 뭔지 몰라 어리둥절해했다. 운요호 사건은 1876년 2월 강화도조약으로 이어지고 조선은 마지못해 개항을 하게 된다.

조선에 대한 일본의 입김이 거세지자 미국이 발 빠르게 움직인다.

조선은 미국을 방패막이로 삼아 일본을 견제하고자 했다. 청나라도 일본을 의식하지 않을 수 없는 상황이었다. 청나라 북양 대신 이홍장의 주선으로 조선과 미국은 1882년 5월 22일 '조미수호통상조약'을 체결한다.

이때 태극기가 처음 등장한다. 역관 이응준이 조약 체결에 앞서 태극과 괘를 사용해 임시로 사용할 국기를 처음 도안해낸 것. 그리고 4개월 뒤 박영효가 일본 수신사로 가면서 괘의 위치 등을 변경해 지금과 비슷한 모습이 갖춰진다. 1883년 3월 6일 고종은 이 태극기를 정식 국기로 인정·반포한다.

그런데 얼핏 보기엔 쉬워 보이는 국기 제정 과정은 당시로써는 생각처럼 만만한 일이 아니었다. 문제는 청나라였다. 그들은 조선의 국기가 자신들의 속국임을 나타내는 모양이길 원했다. 청나라 외교관 마젠충은 자신들의 황룡기를 변형해 동쪽을 상징하는 청색과 용의 발 수를 줄인 '청운홍룡기'를 사용하라고 요구한다. 결국 고종이 대노하게 되고 진통 끝에 태극기가 만들어진다.

태극기는 외세의 압박과 견제를 이겨내고 어렵게 제정한 국기다. 단순히 평화를 상징하는 흰색 바탕과 우주만물을 뜻하는 태극 그리고 하늘, 땅, 남성(불), 여성(물)을 뜻하는 '건곤감리'만 있는 게 아니다. 거기에는 조선이 자주독립국이고자 한 민족의 염원과 의지가 담겨 있다.

그런 태극기를 북한은 인공기에 대입해 무조건 남한 체제를 대변한다고 생각했다. 그들은 쿠바의 한인들 앞에서 흥분을 가라앉히고

속내를 들키지 말았어야 했다. 역사를 알면 그렇게 될 수밖에 없다. 반동은 쿠바의 한인들이 아닌 태극기를 부정한 북한이어야 맞다.

'우린 언제쯤 이 분단의 굴레에서 벗어날 수 있을까.'

식사를 마치자 아델라이다 회장이 보여줄 게 있다며 뒤뜰로 날 인도했다. 거기에는 대형 태극기와 쿠바 국기가 나란히 그려져 있었다. 이따금 행사장으로 쓰는 장소라고 했다. 생각지도 못한 장면이었다. 아델라이다 회장은 뿌듯한 표정으로 내 얼굴과 두 나라의 국기를 번갈아 바라봤다.

자기 집 뒤뜰을 조상의 나라와 본인이 태어난 나라 국기로 꾸며놓은 생경한 풍경, 이곳에 그려진 태극기는 지금의 대한민국을 뜻하는 게 아니다. 이는 우리의 역사와 민족 모두를 아우르는 장면이다.

아델라이다 김(오른쪽 두 번째)의 가족

사진
한 장의 힘

광주학생항일운동은 3·1혁명, 6·10만세운동과 더불어 3대 독립운동 중 하나로 손꼽힌다.

사건의 발단은 일본 남학생이 우리 여학생을 희롱하면서부터였다. 한·일 양측 학생은 1929년 11월 3일 물리적으로 충돌한다. 이를 계기로 멸시와 차별 속에 살던 학생들의 울분이 한꺼번에 폭발한다. 일제는 최대한 이 소식이 밖으로 새나가지 않도록 언론 등을 통제한다. 하지만 한 번 달아오른 열기는 봇물 터지듯 걷잡을 수 없게 된다. 전국적으로 '동맹휴교'가 들불처럼 번진다. 간도 등 국외에 살던 학생들까지 힘을 보탠다. 놀랍게도 광주학생항일운동 소식은 멀리 태평양 건너 미국, 멕시코, 쿠바까지 전해진다. 쿠바의 한인들은 1930년 2월 '광주학생독립운동 지지대회'를 개최하고 후원금을 모금하기 시작한다.

카르데나스에 살고 있는 독립운동가 이윤상의 딸 레오노르 이 박을 만나러 나섰다.

이윤상은 1917년부터 해방 직전까지 임시정부 등에 독립자금을 지원한 인물이다. 특히 그는 광주학생항일운동을 돕는 데 매우 적극적이었다. 이윤상이란 이름은 쿠바 한인 관련 기록에 여러 차례 등장하지만 얼마 전까지만 해도 기록에만 존재하던 인물이었다. 그는 자신의 독립운동 이야기를 굳이 할 필요가 없던 시절을 살았다. 쿠바의 한인들에게 나라를 되찾는 일은 숨을 쉬는 것처럼 특별히 의식할 필요 없는 일이었다. 또 자신의 독립운동 사실이 사후 자식들에게 어떤 영향을 미칠지 몰라 조심스럽기도 했다.

그러다 지난 2018년 한 대학의 후손 찾기 봉사단의 노력으로 이윤상의 딸이 레오노르 여사라는 게 확인됐다. 그전까지 레오노르 여사는 아버지의 독립운동 사실을 전혀 모르고 있었다.

쿠바 이민 1세대들은 모두 사망했다. 당시를 증언해줄 사람이 거의 남지 않은 상황이다. 먼지 수북한 자료라도 있으면 좋으련만 갖고 있는 거라곤 사진 몇 장과 유품이 전부다. 게다가 쿠바 이민 초기 39개쯤 되는 성 마저 세월이 흐르면서 이 씨는 리Li, 김 씨는 킨Kin 또는 킹King, 강 씨는 칸Kan, Can 등으로 변해 누가 누구의 핏줄인지 찾을 길이 더욱 묘연해졌다.

한 조사에 따르면 쿠바 후손 중 부모 모두가 한인인 경우는 3%

(11명)밖에 되지 않는다. 그것도 70~80대 한인 2세대들이 전부다. 부모 중 한쪽만 한인인 경우는 14%였고, 조부모 중 한쪽이 한인이면서 부모 중 한쪽이 한인인 경우는 25%다. 현재는 현지인과의 결혼이 일반화돼 한인 후손이라 해도 쿠바 혈통이 훨씬 많이 섞인 경우가 대부분이다. 이렇듯 쿠바에서는 독립운동가를 발굴하는 것보다 이젠 그들의 자식이 누구인지 찾아내는 게 더 어려워졌다. 쿠바에서 자꾸 마음이 조급해진 이유다.

레오노르 여사가 한복을 입고 사진을 찍으면 안 되겠냐고 물었다. 잠시 뒤 마치 예복을 갖춰 입은 듯한 모습으로 그녀가 나타났다. 한복을 갖고 있다는 사실에 놀랐고, 그녀의 맵시가 우리네 것과 똑같아 또 한 번 눈이 번쩍했다. 우리의 멋을 흔히 예스럽고 소박한 '고졸미古拙美'로 표현하지만 내 앞에 있는 우리의 멋은 이 표현이 얼마나 겸손한지 가르쳐주는 것만 같았다. 쿠바에서 한복을 구하는 건 사실상 불가능하다. 그녀가 갖고 있는 한복은 미국에 있는 한 교회에서 후손들에게 선물한 것 중 하나였다.

조심스레 카메라를 들고 눈높이를 맞추기 위해 무릎걸음으로 허리를 펴 자세를 잡았다. 그랬더니 사진 찍기 좋은 적당한 높이가 됐다. 바닥에 무릎이 닿자 왠지 모를 존경심이 퍼져나갔다. 마치 기도하는 마음 같기도 했다. 절로 정성을 다해 셔터를 누르게 됐다.

아버지의 독립운동을 묻는 질문에 당혹·놀람·기쁨·전율·뿌듯·흐뭇·뭉클·슬픔·쑥스러움 등의 감정이 차례로 그녀의 얼굴에 스쳐 지나간다. 얼마나 할 말이 많았을까. 이제서야 아버지의 실체에 가닿았으니 말이다.

레오노르 여사가 가족사진 한 장을 꺼내왔다. 그녀의 아버지가 이윤상이란 걸 증명한 결정적 증거였다. 그간 알고 지낸 아버지는 누구인가. 빛바랜 사진 한 장으로 마주하고 있는 아버지는 또 누구인가. 이윤상은 오래전 이 가족사진을 남길 때 죽음 이후를 생각했을까. 이 사진의 쓸모가 자신을 증명하는 걸 넘어 자신의 자식을 증명하는 데 쓰일 거라는 걸 알았을까.

사진은 죽음에 다가서고 있는 삶의 한 순간이다. 사진에 찍힌 모든 것들은 소멸 앞에 공평하다. 기록과 동시에 과거가 되는 이 시간의 덧없음에 사진은 결국 죽음의 쓸모를 알려주는 매개가 된다. 사진과 기록이 힘을 얻기 위해선 세월의 켜가 필요하다. 그 둘은 떼려야 뗄 수 없는 관계다. 비존재에서 존재를 증명하게 한 사진 한 장이 내 손에 들려 있다. 불과 몇 그램밖에 안 되는 사진 한 장의 진짜 무게는 삶과 죽음이 한 몸이듯 이 가벼움 속에 감춰져 있다.

이윤상의 가족사진과 후손 레오노르 이 박

카르데나스 폐 설탕 창고

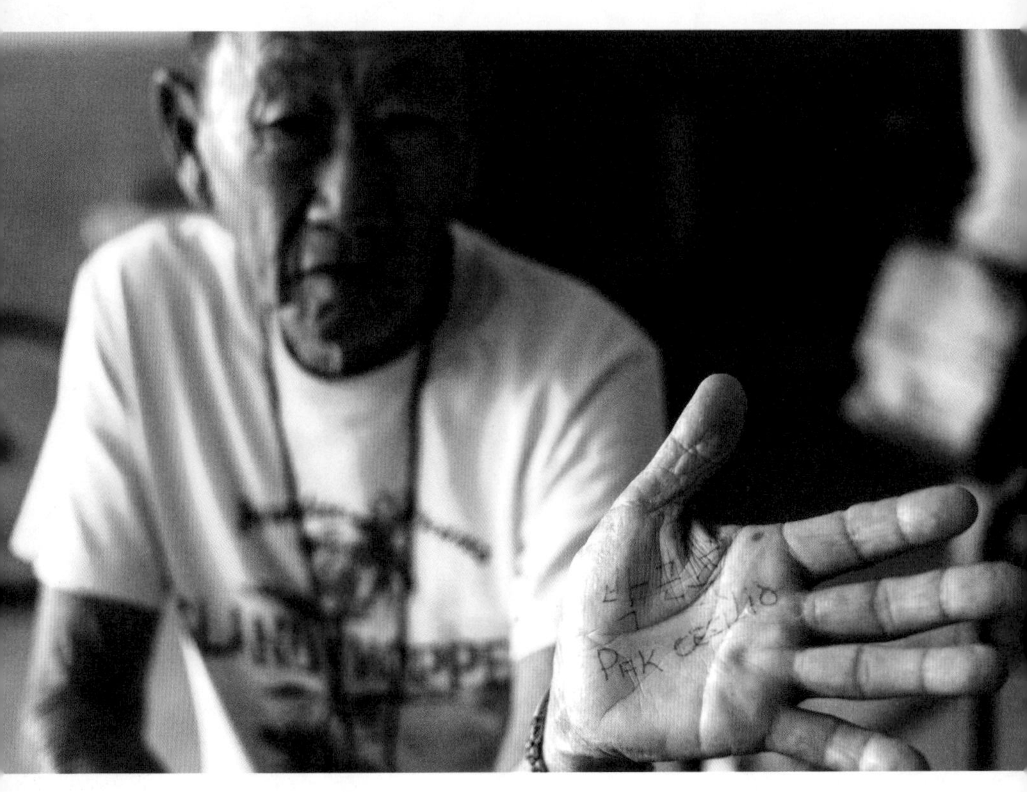
PAK

몸부림의 흔적

카르데나스에서 마나티 항구에 다녀올 생각이었다. 과거 쿠바 제1항구였던 이곳은 1921년 3월 한인들이 멕시코에서 쿠바로 넘어올 때 첫발을 내디딘 역사적 장소다.

처음엔 카르데나스에서 마나티까지 대중교통 편을 알아봤다. 카마구웨이Camaguey나 라스투나스Las Tunas로 가 다시 현지교통 편을 이용해야 했는데 마나티를 대중교통 편으로 다녀왔다는 정보는 전무했다. 차를 빌리는 것밖에는 마땅히 방법이 없었다. 렌터카를 수소문했다. 이때 구원투수처럼 김기헌 선교사가 돕고 나섰다. 그는 차량 섭외부터 금액 조정까지 모든 부분을 알아봐주었다. 가장 싸게 빌릴 수 있는 차는 하루 7~8만 원 선이었다. 그것도 배차가 될지 안 될지 미지수였다. 어찌 됐든 쿠바는 되는 것도, 그렇다고 안 되는 것도 없는 나라다.

며칠을 기다려 섭외한 차량은 중국산 승용차였다. 그런데 운전석 좌석 등받이 각도 조절이 불가능한 차량이었다. 되는 것도, 안 되는 것도 없는 나라 스타일다웠다. 당혹감이 밀려들었지만 다른 차량을 섭외할 수 있는 상황도 아니었다. 그나마 다행인 건 김기헌 선교사의 합류였다. 평소 마나티에 꼭 가보고 싶었는데 워낙 길이 멀고 험해 혼자선 엄두가 나지 않았다고 했다. 등받이 고정형 중국산 자동차를 끌고 쿠바의 울퉁불퉁한 초행길을 달리는 일에 걱정이 많았는데 동행이 생기자 마음이 한결 놓였다. 무엇보다 통역 걱정을 덜 수 있어 좋았다.

마나티 항구는 카르데나스에서 동쪽으로 600킬로미터 정도 떨어져 있다. 한국 같으면 하루에 주파가 가능한 거리였지만, 쿠바의 도로 사정을 감안하면 중간 숙박은 필수였다. 일단 카마구웨이에서 하루 묵어가는 걸 목표로 했다.

모습만 널찍한 고속화 도로를 달렸다. 도로 사정은 생각보다 좋지 않았다. 중간중간 움푹 패인 곳이 많아 속도를 좀 올리는가 싶으면 여지없이 브레이크를 밟아야 했다. 등받이 고정형 운전석은 얼마 못 가 허리 통증을 유발했다. 한 시간 이상 운전대를 잡고 있는 건 무리였다. 김기헌 선교사와 교대로 운전하며 10시간 만에 경유지 카마구웨이에 도착했다. 간단히 저녁을 먹고 숙소를 잡았다. 곧장 육자배기로 누워 단잠에 빠져들었다.

지독히 날씨가 좋은 날이었다. 다시 운전대를 잡고 마나티를 향해 차를 몰았다. 도심을 빠져나오자 풍경은 전날과 달리 목가적으로 바뀌어 있었다. 좌우로 펼쳐진 사탕수수밭은 그 끝이 어디인지 가늠할 수 없을 정도로 광활했다. 똑같은 장면이 한동안 이어졌다. 간혹 히치하이킹하는 쿠바인들이 손을 흔들며 풍경의 변화를 만들 뿐이었다. 그렇게 두세 시간을 갔을까, 마나티 시내가 나왔다.

주소 하나를 들고 물어가며 기찻길 인근에 차를 세웠다. 한인 후손 3세 에스민다 아마도 김 가족이 살고 있는 집이었다. 그녀는 마나티 한인 후손회 회장이다. 하지만 이 지역에 한인 후손이라 해봐야 이제는 손에 꼽을 정도밖에 남지 않았다.

그녀가 반갑게 우리를 반긴다. 거실 벽에 걸려 있는 태극 모양 부채가 친숙한 분위기를 연출했다. 케이팝 스타 달력도 눈에 띄었다. 쿠바와 어울리지 않는 이런 이질적 코드들은 이 가족의 뿌리를 단박에 설명해주었다. 하지만 에스민다 여사의 얼굴은 쿠바인이라고 해도 전혀 이상하지 않았다. 그럼에도 그들은 김치, 부침개 등을 해 먹으며 쿠바인과 자신들을 구별하고 있었다.

에스민다 여사의 할아버지 프란시스코 김 김은 여덟 살 때 부모를 따라 멕시코에 왔다, 청년 시절 일자리를 찾아 쿠바로 다시 넘어간다. 마탄사스 애니깽 농장에서 일을 시작하는데 얼마 못 가 다시 마나티로 돌아온다. 당시 한인 중에는 멕시코에서 신물이 난 애니깽 농장 일을 못 견뎌 한 사람도 더러 있었다. 그녀의 할아버지도 그런 사람 중 하나였던 것 같다.

에스민다 여사의 딸 렉시는 몇 년 전 한국에 다녀온 적 있다고 했다. 우리 정부 초청으로 한국에서 미용 기술을 배웠다. 그녀는 이 연수를 위해 쿠바에서 일자리를 포기해야 했는데 지금까지도 실업자로 지내고 있다고 했다. 한국에서 배운 미용 기술을 쿠바에서 써먹기에는 가진 자본이 없고 그렇다고 국가에서 쉽게 다른 일자리를 내주는 것도 아니라고 했다. 짧은 한국 생활로 더 어려운 삶을 살아가고 있다는 그녀의 이야기를 가만 듣고 있으니 '노동 정지'가 계속되는 느낌이었다.

렉시는 집에서 30킬로미터 정도 떨어진 마나티 항까지 길잡이 노릇을 자청했다. 그녀와 함께 차에 올라 뿌연 먼지 나풀대는 비포장길을 달렸다.

쿠바 사탕수수 사업의 황금기 제1항이었던 곳. 산업의 흥망성쇠를 투사하는 듯 앙상하게 남은 기차역 플랫폼 그리고 덩그러니 남아 있는 철길 위에 벙근 들꽃들, 화려했던 옛 모습은 온데간데없다. 따귀치듯 달려드는 모래바람 날리는 황량한 풍경에서 과거를 읽어내는 건 이제 불가능한 일이 돼버렸다. 역사의 뒤안길로 사라진 마나티는 이름뿐인 항구가 된 지 오래다. 을씨년스런 마파람이 영욕의 상징들을 빙빙 돌아 어디론가 자취를 감춘다.

역 건너 주택가 한쪽 '라꼬레아La Corea'라 불리는 길이 남아 있었다. 과거 한인들이 모여 살던 곳이라고 했다. 섭섭하게도 현재 그곳엔 그 어떤 후손도 남아 있지 않았다. 쿠바의 시원을 떠난 그들은 모두 어디로 사라진 걸까. 100년 전 이 적막한 풍경 어디쯤에서 마탄사스행 열차에 몸을 싣듯 그렇게 다 마나티를 등진 걸까. 렉시가 그 길을 걸어간다.

마나티 항에서 망향의 한을 달랠 수 있는 곳은 지난 2001년 3월 25일 세워진 '한인 이민 80주년 기념탑'이 유일했다. 대한민국이 있는 서쪽을 향해 서 있는 기념탑엔 띄어쓰기도 맞춤법도 틀린 삐뚤빼뚤한 한인 후예의 손글씨가 음각돼 있다. 넋두리 같기도 하고 애원 같기도 한 한 글자 한 글자를 마음으로 읽어본다.

> 1921년 3월 25일 이곳 마나띠 항국에 멕시코에서 300여명의 한인동포가 기선 '따마을리빠스'편으로 큐바에 이민으로 왔습니다. 그후에 들은 큐바 각치에 흘 어 쳐 잘 적응하여 살 고있으며, 조상의얼을 기리고 그뿌리를 영원히 기억하 기위해 80년 이되는 오늘 이곳에 기념탑을 세웁니다.
>
> 2001년 3월 25일
>
> 큐바 한인회

무엇을 보자고 여기까지 왔던가. 비루한 역사의 한 페이지를 좇아 남루한 현재를 확인하고자 함인가. 아니면 역사학자들이 미덥지 못해 혹시 모를 다른 흔적이라도 발견하고자 했던가. 아니다, 보고자 했던 건 예나 지금이나 변함없을 저녁노을과 존재했고 존재하고 있으며 존재할 바다였다. 그리고 그 가운데서 내 지표로 그들을 증거하고 싶어서였다.

이랑 위에 하늘하늘 배들이 출렁인다. 해가 다 지기도 전에 성격급한 달이 뜨고 가뭇한 하늘은 그들이 흘렸을 눈물처럼 그렇게 붉게 시들어간다. 달빛에 윤슬이 반짝이는 처연한 바다는 오늘도 그렇게 말이 없다.

난 묻고 싶은 게 많은데….

에스민다 아마도 김의 가족

마나티 한인 이민 80주년 기념탑

야수 같기도 천사 같기도 한
희미하고 투명해 잘 보이지 않는
어느새 신기루처럼 사라져
어른어른하는 등 뒤의 얼굴

몸부림쳐 떨쳐내고 싶은
한여름 밤 방랑자처럼 찾아와
소리도 흔적도 없이 가버린
어른어른하는 눈앞의 얼굴

만난 적도 잊은 적도 지운 적도
그렇다고
보듬어 본 적 없는
바다 건너 얼굴

4

미국

AMERICA

미국 서문

이민의 문을 열다

하와이 이민은 대한제국이 허가한 처음이자 마지막 집단 이주다. 이미 조선 말기부터 간도, 연해주 등으로 넘어간 사람들이 있었지만 이는 국가가 추진한 일은 아니었다. 하와이 이민은 헐벗고 힘없는 나라 백성들이 마주한 엄정한 대한제국의 현실이었다.

하와이 사탕수수 농장에서 가장 필요했던 건 값싼 노동력이었다. 농장주들은 1870년대 중국인 노동 이민자를 받아들인다. 날이 갈수록 그 비중이 는다. 그런 가운데 농장 이탈자가 하나둘 생겨난다. 그들 중 일부는 미국으로 나가 상업 등에 종사한다. 백인들은 불안을 느낀다. 중국인들이 경제적 경쟁 상대로 급부상했기 때문이다. 결국 캘리포니아에서 중국인 배척 소요가 발생한다. 미국 정부는 1882년 '중국인 이민 금지법Chinese Exclusion Act'을 시행한다. 이듬해 하와이에서도 중국인 노동자의 입국이 금지된다. 당시까지만 해도 하와이는 미국 땅이 아니었다.

상황이 이렇게 되자 농장주들은 일본으로 눈을 돌린다. 1885년부터 일본인 노동자들이 건너오기 시작한다. 하와이 러시Rush가 무서운 기세로 이어진다. 1902년 하와이에만 6만여 명의 일본인이 거주하게 된다. 그들은 중국인들과 달랐다. 노동조합을 결성하고 파업을 일으켜 자기 목소리를 낼 줄 알았다. 또다시 농장주와 백인들은 위기의식을 느끼게 된다. 그들은 대한제국을 주목한다.

1902년 12월 22일 제물포에서 121명이 겐카이마루玄海丸에 오른다. 1차 목적지는 일본 나가사키였다. 검역소 신체검사에서 탈락한 19명을 제외한 102명이 갤릭호S.S. Gaelic에 승선한다. 1903년 1월 13일 한인 이민자들이 하와이에 첫발을 내디딘다. 제물포를 떠난 지 20여 일 만이었다. 보건검사를 통과하지 못한 16명이 귀국 길에 오르고 총 86명이 하와이의 삶을 시작한다.

1902년 12월부터 이민이 중단된 1905년 7월까지 하와이로 넘어간 한인들은 모두 7,300여 명을 헤아린다. 이들은 하와이 인근 4개 섬 30여 개 사탕수수 농장에 분산 배치된다. 많게는 500~600명, 적게는 수십 명이 함께 생활한다. 보통 오전 6시부터 오후 4시에서 5시까지 뙤약볕 아래서 사탕수수를 자르고 나른다. 땀에 절고 햇살에 바짝 타들어 간 몸을 이끌고 옹색한 처소로 돌아오면 딱딱한 나무 침상과 담요 한 장이 이들의 위로였다. 그리고 다시 날이 밝으면 생전 한 번도 겪어본 적 없는 인종차별을 당하며 터벅터벅 다시 일터로 향했다. 고된 중노동에 비하면 임금이 높은 것도 아니었다. 월급 18달러에서 식비를 제하면 손에 쥐는 건 많지 않았다.

안타깝게도 대한제국은 이들에게 그 어떤 외교적 보호막도 제공하지 못했다. 심지어 국적마저 점점 애매모호해진다.

1905년 일제는 자국민의 이익을 보호하기 위해 한인들의 하와이 이민을 금지시킨다. 선택을 해야 했다. 고향으로 돌아갈 것인지, 하와이에 남을 것인지, 미국 본토로 떠날 것인지. 고향으로 돌아간 사람은 1910년 기준으로 1,300여 명 선으로 전체 하와이 한인 중 20%에 조금 못 미쳤다. 중국과 일본인의 귀향 비율이 50%였던 것에 비하면 매우 낮은 수치다. 반면 미국 본토로 나간 한인들은 모두 2,000여 명 수준이었다. 이렇듯 상당수 사람들이 조국이 처한 풍전등화의 현실 앞에 고향을 등지는 길을 선택한다.

당시 하와이, 미국 본토 등에 남은 한인 대부분은 미혼 남성들이었다. 결혼은 이들의 가장 큰 고민거리였다. 1910년부터 1924년까지 이른바 '사진 신부'들이 넘어가게 된다. 또 다른 형태의 이민이었다.

조상들은 자신들에게 아무것도 해준 거 없는 나라였지만 태평양 한가운데서 발을 동동 구르며 손을 모아 기도한다. 그저 내 강산을 찾게 해달라고. 그들은 돌아갈 수 없다는 현실 앞에 얼마나 조국을 그리워하며 애간장을 태웠을까. 미국 서부와 동부를 넘나들던 조상들의 여정을 가만히 따라가다 보면 마치 한 편의 영화를 보는 듯 스펙터클하다.

LEXINGTON AVE
42ND STREET PASSAGE

EAST BALCONY
LEXINGTON AVE
TICKET MACHINES
STREET PASSAGE SUBWAY
NEW HAVEN LINE DEPARTURES
INFORMATION

기억보다 또렷하고
언어보다 질긴

쿠바 아바나에서 비행기를 타고 마이애미를 경유해 로스앤젤레스로 가는 길은 퍽이나 지루하고 답답했다. 미국인들은 쿠바인들의 입국에 그리 호의적이지 않았고 그 탓에 심사 시간이 늘어질 대로 늘어졌다. 결국 마이애미에서 간신히 경유 비행기를 탈 수 있었다.

잠시 머물 숙소를 고르는 일은 이 작업에서 여간 신경 쓰이는 부분이 아니었다. 값비싼 카메라 장비 등을 보관하는 게 골칫거리였는데 무엇보다 촬영 데이터를 저장해놓은 외장하드 관리에 신경이 곤두섰다. 촬영이 끝나면 외장하드 두 개에 데칼코마니하듯 데이터를 저장해 하나는 숙소에 보관하고, 하나는 외출 중에도 항상 소지했다. 혹시 모를 도난 분실에 대비하기 위해서였다. 카메라 장비가 아무리 비싸다고 해도 촬영 데이터에 견줄 수 있는 건 아니었다. 외장하드 저장 데이터가 훼손되거나 이를 통째로 잃어버리는 상상은 매번 등골을 오싹하게 만들었다.

로스앤젤레스 코리아타운에서 약간 거리가 있는 적당해 보이는 숙소를 베이스캠프로 잡았다. 숙소는 기대대로 손님이 하나도 없었다. 여러 명이 함께 사용하는 방을 개인실처럼 사용하는 호사를 누리게 됐다.

민박집 주인아저씨가 로스앤젤레스에 무슨 일로 왔는지 물었다. 내 행색이 보통 여행자들과 조금 달라 보였나 보다. 국외독립운동 사적지와 독립운동가 후손을 찾아다니는 세계일주를 하고 있다고 했다. 흠칫 놀라는 눈치였다. 그가 대뜸 저녁을 같이 먹자고 했다.

주인집 부엌은 한창 식사 준비로 분주했다. 밥통은 '칙칙' 소리를 내며 증기를 내뿜고 있었고 냄비 안에선 구수한 된장찌개가 보글보글 소리를 내며 끓고 있었다. 레몬을 한 입 베어 문 것처럼 입 안에 침이 고였다. 오랜만에 맡아보는 고향 냄새였다. 쿠바에서 한식은 사치였다. 한국 식당이 하나 있긴 했는데 여행자가 넘볼 수준이 아니었다. 쿠바 자체도 음식 문화가 그리 발달한 나라가 아니다. 한동안 끼니를 때운다는 표현이 딱 들어맞는 식사를 해오던 차였다.

그런 내게 매콤한 김치와 감칠맛 나는 반찬들이 소담스럽게 자리 잡은 식탁 풍경은 황홀경이나 다름없었다. 소복이 담긴 밥과 반찬들을 허겁지겁 비워 나갔다. '아삭아삭' 아래턱 움직임에 따라 어금니 사이에서 적절하게 뭉개지는 재료들의 식감은 혀의 관능적 춤사위를 부추겼다.

그런 날 보고 밥 한 공기를 더 내미는 손이 어찌 고맙지 않겠나. 염치 불고하고 주는 대로 밥공기를 다 비우고서야 그간의 기갈이 좀 풀리는 듯했다. 누군 휴식을 위해 여행을 간다지만, 여행 안에서도 휴식은 필요했다. 내 어머니가 차려준 듯한 밥상은 그 쉼의 화룡점정이다.

서재필이 해방 후 한국 군정 고문 자격으로 고향에 돌아왔을 때 일화다. 일부 사람들이 서재필을 초대 대통령으로 추대하려고 했다. 그러자 서재필은 현재 자신이 미국 시민이고 이제는 조선말을 잘할 수 없어 대통령 자격이 없다며 고사했다고 한다. 한국인 최초 미국 시민권자이자 한국인 최초 미국 의사였던 그가 말년에 잃어버렸던 건 조국의 언어였다. 이렇듯 언어는 쓰지 않으면 퇴화한다. 고향을 떠나 타향 생활을 오래 하다 보면 우리말 발음이 왠지 모르게 어색해진다. 그들이 무심코 하는 제스처 하나도 어딘가 모르게 낯설지 않나. 공기가 그렇고 음식이 그렇고 그들을 둘러싼 모든 것들이 고향의 것이 아니기 때문이다. 어디 이게 모습뿐인가, 그들의 머릿속 생각의 틀 또한 전혀 다른 구조로 다져진다.

그럼에도 입맛은 가장 끈질긴 생명력을 자랑한다. 어머니의 어머니 그 어머니의 어머니로 전해진 맛의 대물림은 머릿속 깊이 각인돼 지워지지 않는 주홍글씨가 된다. 조상에서 조상으로 이어온 살아 있는 우리 것, 모습이 바뀌고 역사를 잊어도 변하지 않는 게 있다면 맛에 대한 기억 아닐까. 이는 한국인을 한국인이라 말할 수 있게 하는 가장 강력한 증거다.

멕시코 메리다에서 인터뷰 중 김치를 내온 율리세스, 쿠바 마나티에서 아직도 우리 음식을 만들어 먹는다는 에스민다 가족이 떠올랐다.

기억보다 또렷하고 언어보다 질긴 게 있다면 바로 이 '맛'이다.

빛을 찾아

현장에서 좋은 사진을 얻기 위해선 몇 가지 사전 작업이 필요하다.

첫 번째 일은 일기예보 확인이고, 두 번째는 현장 답사다. 두 가지만 착실히 해도 절반의 성공은 보장된다. 본 촬영 전 태양의 움직임을 살펴 현장의 명암 변화를 파악하는 건 좋은 사진의 필수조건이다. 주변에 높은 건물이 있다면 촬영 대상에 그늘이 지는 시간대까지 계산해놓아야 한다. 이렇게 현장을 완전히 장악하고 있어야 맘에 드는 사진이 나온다.

준비를 잘한다 해도 생각대로 현장이 받쳐주는 것도 아니다. 일기예보가 틀리는 일도 있고, 주변이 공사판으로 변해버린 경우도 더러 있다. 그럴 땐 마음을 비우고 수행자의 자세로 무념무상 깔끔하게 다음을 기약해야 한다. 잘 찍은 사진 한 장은 절대 쉽게 얻어걸리는 게 아니다.

이런 사실을 너무 잘 알았기에 국외독립운동사적지 작업은 매번 마음을 조릿조릿하게 만들었다. 그래서 그런지 빛에 대한 고민이 많았다. 사실 여행 전엔 자연광으로 모든 게 될 줄 알았다. 하지만 현장의 빛은 언제나 내 의지와 통제를 벗어나 있었다. 할 수 있는 건 시간을 넉넉하게 쓰는 것뿐이었다. 만족스러운 빛을 찾아 하루 종일 하늘만 올려다본 적도 있었다. 그러다 보면 촬영 스케줄이 의도치 않게 늘어지기도 했다. 어쩔 수 없는 일이었지만 다른 표현법이 없을까 골몰하는 시간이 많아졌다.

로스앤젤레스에서 첫 번째로 할 일은 스트로보Strobo를 사러 가는 일이었다. 라이카 매장을 검색했다. 위치는 베벌리힐스 근처였다. 매장에 들어가 카메라를 보여주고 맞는 제품을 추천받았다. 선택지가 몇 개 되지 않았다. 적잖은 금액에 고민이 됐지만 카드를 건넸다.

빛이 하나 더 생긴다는 건 사진가가 장면에 조금 더 적극적으로 개입하는 일이 된다. 피사체 표면에 닿은 뒤 튕겨 나간 빛은 그대로 카메라 렌즈 속으로 빨려 들어간다. 사진가의 눈은 뷰파인더 안에서 그 빛을 통해 대상을 관찰한다. 셔터가 한 번 왕복 운동하는 찰나, 렌즈로 들어오던 빛은 암막에 갇힌다. 이때 빛이 너무 세거나 약하면 찍고자 하는 대상은 명과 암 속으로 그 모습을 감춰버린다. 인간의 눈은 이런 일련의 과정을 감각할 수 없다.

하지만 분명한 건 빛이 사물 표면에 자신의 몸을 맞대어 피사체를 표현한다는 점이다. 스트로보는 이 과정에 인위적 빛을 하나 더 하는 셈이다. 조금 더 감각을 확장해보면 쏘아 보낸 빛으로 사물을 터치하고 돌아오는 듯한 느낌을 얻을 수도 있다. 질감을 감각할 수 없는 사진가가 의도적으로 빛을 보내 사물에 가닿는 듯한, 피사체를 자신의 의지와 마음으로 한 번 더 매만져보는, 이는 찍고자 하는 피사체의 실체를 조금 더 드러내고자 하는 집요함 같은 거다.

스트로보 하나는 그래서 단순히 빛을 발광하는 기계적 장치에 머물지 않는다. 그것은 의식의 도구이며 마음의 메신저다. 사진은 빛에서 와서 빛으로 돌아간다. 그게 본질이다.

이 작업은 특정 공간과 피사체만 찍어내는 일이 아니었다. 가지각색의 현장 특성을 표현해야 했고 거기에 인물 촬영까지 더 해야 했다. 게다가 다양한 장비를 쓸 수 있는 조건도 아니다. 배경지와 조명 그리고 이것들을 받쳐줄 스탠드를 전부 들고 여행을 할 순 없었다. 배낭여행에선 삼각대 하나도 큰 짐이다. 한정된 비용과 시간 안에서 어떻게 해서든 만족스러운 결과물을 뽑아내야 했다. 장소마다 기회가 많지 않은 작업이란 걸 너무 잘 알았기에 촬영 현장에 서면 매번 긴장이 됐다.

천도교에는 '용시용활用時用活'이란 말이 있다. 무엇이든 그때그때 자기 형편에 맞게 활용하란 뜻이다. 중국의 고승 임제臨濟는 '수처작주 입처개진隨處作主 立處皆眞'이라 했다. 어디서든 주인으로 살고 그곳을 내 진리로 만들면 될 일이다.

이 작업을 통한 나만의 수행은 고집을 버리고 습관을 바꿔 원칙을 유연하게 적용하는 일이었다. 이따금 투덜거리기도 했고 투정도 부렸지만 항상 '지금, 여기'에서 할 수 있는 무엇인가를 찾으려고 했다. 우리 독립운동가들처럼.

나성羅城에 남은 독립운동의 흔적들

하와이 한인 이민자들은 1907년까지 20여 개 한인단체를 결성한다. 효율적 단체 운영이 필요해졌다. 그런 가운데 1908년 친일파 미국인 스티븐스를 저격한 장인환·전명운 의거를 계기로 미국 본토에 만들어진 한인단체의 통합 움직임이 가속화된다. 먼저 1909년 2월 1일 하와이 한인합성협회와 샌프란시스코에서 안창호를 중심으로 조직된 공립협회를 통합해 '국민회'가 출범된다. 이듬해 1910년 2월에는 다시 대동보국회와 합쳐지면서 '대한인국민회'가 만들어진다. 미주지역 최대 항일애국단체의 탄생이었다. 대한인국민회는 민족주의를 바탕으로 미주 한인 사회의 안녕과 자치, 조국 독립을 목표로 삼았다. 특히 중앙총회 아래 북미·하와이·멕시코·시베리아·만주 등에 지방총회를 두어 전 세계 여기저기 흩어진 한인단체를 하나로 통합하기 위해 노력했다.

그랬던 대한인국민회는 1920년대 초 이승만이 하와이에서 대한인교민단을 설립하자 조직과 기능이 축소된다. 현재 로스앤젤레스에 남아 있는 대한인국민회 총회관은 1938년 4월부터 사용된 건물이다. 이때부터 대한인국민회는 로스앤젤레스 시대를 시작한다.

대한인국민회 총회관 바로 옆, 1906년 5월 10일 설립된 나성한인연합장로교회는 한인들의 정신적 안식처가 된 유서 깊은 장소다. 나성은 로스앤젤레스의 음역어다. 교회 건물은 1938년 5월 4일 현재 위치에 신축돼 지금에 이르고 있다.

대한인국민회 총회관 인근에는 안창호가 만든 흥사단 건물도 남아 있다. '흥사단소 터'로 불리는 이곳은 1932년부터 1970년 말까지 사용됐는데 현재는 개인 주택으로 쓰이고 있다. 과거 흥사단은 건물 2층을 생활이 어려운 한인 유학생의 거처로 사용하기도 했다. 흥사단은 안창호가 독립운동 지도자를 양성하기 위해 설립한 비정치 단체로 1913년 5월 13일 샌프란시스코 강영소의 집에서 결성됐다.

로스앤젤레스에는 안창호 관련 사적지가 많이 남아 있다. 그는 1915년 로스앤젤레스로 이주하는데 미국인 소유 2층 건물을 세 내 흥사단소로 사용하며 가족들과 머문다. 안창호의 가족들은 이 집에서 17년간 거주한다. 현재 이 집터에는 콘도미니엄이 들어서 있다. 주변엔 LA 수도전력국과 각종 빌딩이 즐비하다. 그 어떤 흔적도 남아 있지 않은 현장 중 하나다.

캘리포니아 남가주대학교University of Southern California 내엔 안창호

가족이 거주했던 집이 남아 있다. 이 집은 1937년부터 1946년까지 사용했던 건물인데 지난 2006년 3월부터 한국학연구소로 쓰이고 있다. 건물 1층에는 도산의 가족사진 등이 전시돼 있고, 2층은 사무실 공간으로 꾸며져 있다. 건물 앞에는 '안창호 가족 거주지THE AHN FAMILY RESIDENCE'란 안내판이 서 있다.

남가주대학교 후문을 나가 길을 건너면 엑스퍼지션 공원Exposition Park이 나온다. 이 공원 입구 일대는 재미한족연합위원회 집행부가 캘리포니아 국방경위군 지원을 받아 1942년 2월부터 1943년 6월까지 로스앤젤레스 한인국방경위대(맹호군)를 설립하고 훈련했던 장소다. 훈련은 복무자의 일상생활에 지장을 주지 않는 범위에서 매주 한 차례씩 시행됐다. 한인국방경위대는 1942년 3월 31일 대한민국임시정부의 설립 인준을 받아 한국광복군 산하로 정식 편입된다.

독립운동가들이 잠들어 있는 로즈데일 공동묘지Angelus-Rosedale Cemetery도 놓치기 아쉬운 곳이다. 대한인국민회 기념재단은 매년 이곳에서 순국선열의 날 기념식 등을 개최하고 있다. 이 밖에도 로스앤젤레스 인근 리버사이드Riverside에 안창호 동상 등이 남아 있다.

한인국방경위대 훈련지

로스앤젤레스 대한인국민회 총회관

안창호 가족 거주지

독립운동가들이 묻힌 로즈데일 묘지

영원한 이별의 징표

로스앤젤레스는 두 번째 방문이었다. 매번 느끼는 거지만, 이 도시는 어색하고 낯선 느낌이 없어 참 낯설다. 수많은 할리우드 영화가 큰 영향을 미쳤을 테고 한국에서 먹고 마시는 것들이 지극히 미국적이어서 또 그랬을 거다. 코리아타운 한복판에 서 보면 여기가 도무지 어느 나라인지 알쏭달쏭하기만 하다. 내겐 참 매력 없는 도시다.

코리아타운 한 식당. 역시나 익숙한 풍경이었고 친숙한 냄새였다. 조금 다른 게 있다면 한국인 사이에 틈틈이 미국인들이 섞여 식사를 한다는 정도.

"혹시, 김동우 씨?"

나이 지긋한 여성 한 분이 다가와 물었다. 기다리던 대한인국민회 기념재단 배국희 이사장이었다. 로스앤젤레스에 도착하자마자 그녀에게 메일을 보냈었다. 도움을 청한단 내용이었다. 그녀는 흔쾌히 만남을 허락했다.

배 이사장은 독립운동가 배경진(1910~1948)의 여식이다. 배, 경, 진. 눈에 익지 않은 이름이다. 그는 1931년 5살 연하 이석금과 결혼하는데 그해 7월 신의주 위화면에서 '위화청년단'을 결성하고 단장으로 추대돼 독립운동에 나선다.

그러던 중 1931년 7월 2일 중국 길림성 만보산 지역에서 한·중 농민들이 수로 건설을 둘러싸고 충돌을 일으킨다. '만보산 사건(완바오산 사건)'이었다. 당시 일제는 조선인을 보호한다는 구실로 무장경찰을 동원해 중국인들을 향해 총을 발포한다. 하지만 약간의 부상자만 있었을 뿐 인명피해는 전무했다. 호시탐탐 만주를 집어삼키려던 일제는 이 사건을 이용해 한·중 농민 사이를 이간질해 관계를 악화시키려 했다. 한·중 연합항일노선의 균열을 노린 술책이었다. 이를 통해 만주를 집어삼키고 대륙까지 손아귀에 넣겠단 계산이었다.

당시 〈조선일보〉 창춘 지국장 김이삼은 사실 확인 없이 일본 관동군이 제공한 사건 자료만 믿고 국내로 기사를 송고한다. 〈조선일보〉는 1931년 7월 2일 '만주 만보산에서 중국인에 의해 조선인 다수가 살상됐다'는 호외를 발행한다. 완벽한 오보였다.

이 소식에 민심이 요동치기 시작한다. 결국 불똥이 이상한 곳에 튀며 사태가 걷잡을 수 없게 된다. 3일 새벽 인천을 시작으로 경성,

평양, 사리원, 개성, 남포, 원산, 공주 등 중국인들이 많이 거주하는 지역을 중심으로 화교 배척 폭동이 발생한다.

특히 평양의 상황이 심각했다. 7월 5일 평양 시민 일부가 흉기를 들고 화교들의 가게와 집을 파괴하고 약탈하는 폭동을 일으켜 큰 피해를 입힌다. 화교 배척 폭동은 전국적으로 400여 차례 발생했고 '리턴 조사단(국제 연맹이 만주 사변과 만주국을 조사하라고 조직한 국제 연맹 중일 분쟁 조사 위원회의 통칭)' 보고서에 따르면 이로 인해 127명이 사망하고 393명이 부상당했으며, 250만 엔에 달하는 재산피해가 발생했다. 반면 총독부 경무국 자료에는 사망 100여 명, 부상 수백 명 등으로 기록돼 있다.

'호떡집에 불났다'는 말도 이때 만들어진다. 으레 우리 것이라 알고 있는 호(胡)떡은 원래 기름에 튀겨서 먹는 중국 음식이다. '오랑캐 호'를 쓰는 이유가 여기에 있다. '호떡집에 불났다'는 말을 풀면 중국 요릿집 내지는 중국사람 집에 불이 났다는 이야기인데 당시 화교 배척 폭동이 얼마나 심각했는지를 간접적으로 알 수 있게 하는 대목이다.

또 하나 눈길이 가는 건 일부 한인들은 화교들이 피해를 입지 않도록 돕고자 했는데 일경日警이 이를 허락하지 않았단 사실이다. 〈동아일보〉는 7월 7일 '이천만 동포에게 고합니다'란 제목의 기사에서 '민족적 이해를 타산하야 허무한 선전에 속지 말라'며 화교 배척을 중지해달라고 호소한다. 사건 배후에 보이지 않는 검은 손이 있다는 지적이었다.

생각보다 사태가 심각해지자 〈조선일보〉는 7월 14일 자로 '일본의 정보에 근거해 기사를 썼지만 오보였다'는 사죄문을 게재한다. 김이삼도 중국 〈지린일보吉林日報〉에 창춘 일본 영사 다시로田代重德의 오인을 기초로 만보산 사건의 진상을 전했다고 해명한다.

다음 날 김이삼은 묵고 있던 여관에서 총살된다. 석연찮은 죽음이었다. 누군 밀정 김이삼을 독립운동가가 처형한 거라고 하고, 누군 일제가 그를 매수했는데 입을 막기 위해 죽였다고 한다.

이런 상황에서 만보산 사건을 중간에서 기획 조정하고 한·중 간 싸움을 부추긴 일제에 대한 보복 사건이 일어난다. 배경진이 위화청년단원 수십 명을 동원해 일본 경찰 주재소를 수차례 습격 방화한다. 이 일로 그는 일경에 체포되고 1932년 4월 28일 신의주 지방법원에서 징역 3년형을 선고받고 옥고를 치른다. 출옥 후 중국 하남성 개봉으로 건너가 독립운동을 이어가다 1943년 딸 배국희를 낳고 광복군 3지대에 입대한다. 득녀의 기쁨도 잠시, 출산 20일 후 일주일만 다녀오겠다며 집을 나선 배경진은 가족과 1년 이상 떨어져 지낸다.

그러던 어느 날 신의주에 살고 있던 이석금에게 은밀히 누가 찾아온다. 남편 배경진이 보낸 사람이었다. 밀지에 따라 이석금은 딸 국희를 데리고 압록강을 건너 안동(현 단둥)으로 간다. 거기서 그들은 숨죽인 채 가족 상봉의 감격을 나눈다. 이도 잠시, 영원한 이별을 예감했던 걸까. 배경진이 가족사진을 남기자고 한다. 짧은 해후 뒤 이석금은 어린 국희를 업고 다시 압록강을 건넌다. 그 길로 배경진은 광복군 국내파견공작대원으로 임명돼 평안도에서 비밀 첩보작전을

배경진의 가족사진(배국희 제공)

펼친다.

당시 미국전략정보처(OSS, CIA의 전신)는 한인들을 2차 세계대전에 활용하기 위해 몇 가지 계획을 준비하고 있었다. 그중 하나가 '냅코 작전The Napko Project'이다. 이는 하와이 등 미국 거주 한인과 위스콘신 주 맥코이 수용소 한인 포로 중 인원을 선발, 한반도와 일본에서 정보수집과 게릴라 활동을 전개하려는 비밀작전이었다.

또 다른 프로젝트는 '독수리 작전The Eagle Project'이었는데 중국에 있던 광복군과 공동으로 군사작전을 펼치려는 계획이었다. 독수리 작전은 흔히 '국내진공작전'이라고도 한다. 광복군과 미군은 1945년 8월 18일을 디데이로 잡고 대규모 군사작전 준비에 돌입한다. 우리가 그토록 바랐던 일본과의 전면전이었다. 그런데 작전 개시 3일 전, 일본이 항복을 선언하며 우리의 의지와는 무관하게 광복을 맞는다.

《백범일지》엔 김구가 이 작전 취소를 무척 아쉬워한 대목이 남아 있다. 임시정부는 인면전구공작대 파견에서도 알 수 있듯 2차 세계대전 참전국 지위를 얻고 싶어 했다. 김구가 임시정부의 발언권 약화를 우려한 대목이 이런 사정을 잘 나타낸다.

> "아! 왜적이 항복!" 이것은 내게는 기쁜 소식이라기보다는 하늘이 무너지는 듯한 일이었다. 천신만고로 수년간 애를 써서 참전할 준비를 한 것도 다 허사다. 서안과 부양에서 훈련을 받은 우리 청년들에게 각종 비밀한 무기를 주어 산동에서 미국 잠수함을 태워 본국으로 들여보내어서, 국내의 요소를 혹은 파괴하고 혹은 점령

한 후에 미국 비행기로 무기를 운반할 계획까지도 미국 육군성과 다 약속이 되었던 것을 한 번 해보지도 못하고 왜적이 항복하였으니 진실로 전공이 애닯고 가석이거니와, 그보다도 걱정되는 것은 우리가 이번 전쟁에 한 일이 없기 때문에 장래에 국제간에 발언권이 박약하리라는 것이다.

국내진공작전을 위해 비밀리에 임무를 수행 중이었던 배경진은 임시정부 화북지구 선무단 부단장에 재임명되고 1947년 6월엔 안동 주재 특파원으로 활동한다. 그러던 중 1948년 8월 공산당에 체포돼 안동의 한 강변에서 처형된다.

"남편을 잃은 어머니는 어린 저를 돌보며 삯바느질로 할머니(시어머니)까지 부양했어요. 할머니는 밤마다 넋이 나간 채 '우리 아들이 압록강을 건너 집으로 오고 있어'라며 헛소리를 자주 하곤 했대요. 하나밖에 없는 아들이 독립운동을 한다고 집을 나가 행방이 묘연하자 반정신이 나가버리신 거죠. 또 어머니는 일본 순사보다 동포 순사가 더 지독했다는 말씀도 하셨어요. 걸핏하면 아버지가 어디 있냐고 대라는 통에 곤욕을 치르셨나 봐요. 그래서 집에서 무슨 음식을 하면 최 순사 먼저 갖다 주라고 했다네요. 먹을 거라도 바쳐야 괴롭힘을 덜 당한다고 생각하셨나 봐요. 살아생전 어머니는 아버지가 가장으로선 낙제점이었다고 하셨어요. 그러면서도 당신에 대한 그 긍지는 한 번도 변치 않았다고 입버릇처럼 말씀하셨죠."

배국희 이사장의 말이다.

신혼 생활도 없이 독립운동을 위해 몸을 숨겨야 했던 남편, 자신이 태어나자마자 또다시 임시정부의 지령을 받고 외따로 집을 나서야 했던 아빠, 사진 한 장 남기고 영영 돌아올 수 없는 사람이 돼버린 무심하고 원망스러운 아들. 남겨진 자들의 고통은 도대체 무엇으로 보상한단 말인가. 사진 한 장에 담긴 못다 한 이야기가 이토록 길고 구슬프다.

아버지의 얼굴을 모르는 아들

배국희 이사장과 이야기를 나누고 있는 사이 수더분한 한국 할아버지 같은 랄프 안(안필영)이 나타났다. 그는 안창호의 막내아들이다. 처음엔 안창호의 아들이 생존해 있을 거라곤 전혀 생각을 못했다. 이렇듯 역사에 관심을 가지면 놀라운 발견이 이어지고 한편으론 그간의 무관심에 얼굴이 벌겋게 달아오르기도 한다.

지금까지의 여정과 작업 내용 등을 설명했다. 랄프는 조심스럽게 무슨 예산으로 이 작업을 하냐고 물었다. 그러면서 도움을 주는 곳이 있냐고 했다. 처음부터 후원은 생각지도 못했다. 아니, 몇몇 군데 알아봤지만 반응이 신통치 않았다. 애당초 혼자 짊어질 짐이었다. 이야길 듣던 그가 의자를 고쳐 앉으며 물었다.

"어디서 촬영을 하고 싶은가요?"

"집에서 촬영을 했으면 합니다."

"차가 있나요?"

"아니요."

"그럼, 어떻게 오려고요?"

"우버!"

나도 웃고, 랄프도 웃었다.

랄프가 어디에 사는지 전혀 알지 못했다. 당연히 로스앤젤레스 코리아타운 인근이겠거니 했다. 그가 만나자고 한 식당 위치가 그랬으니. 하지만 알려준 주소는 로스앤젤레스 시내에서 좀 떨어진 외곽이었다. 미국은 차가 없으면 이동이 불편할 때가 많은데 랄프가 왜 날 걱정했는지 그제야 이해가 됐다.

며칠 뒤 랄프의 집을 방문했다. 구순이 넘은 할아버지의 인자한 미소가 무슨 이야기부터 할까, 하고 묻고 있었다. 기억 속 아버지에 대해 이야기해달라고 했다. 그는 말할 수 없다고 했다. 기억이 없기 때문이다. 그는 아버지 얼굴을 한 번도 본 적이 없다고 했다.

1926년 안창호의 아내 이혜련(1884~1969)의 태중엔 랄프가 있었다. 이때 안창호는 미국을 떠나 중국으로 간다. 1902년 처음 미국에 도착한 안창호는 총 세 번 태평양을 왕복하며 18년간 샌프란시스코 등지에 체류하는데 이때가 마지막 출항 길이었다.

안창호의 미국 생활에서 이혜련의 이야기는 빼놓을 수가 없다. 안창호를 따라 미국에 온 그녀는 가사도우미, 삯바느질 등 닥치는 대로 일하며 생계를 유지한다. 그러던 중 1905년 장남 안필립을 출산한다. 한인 이민 가족 중 최초의 2세였다. 기쁨도 잠시, 옷 한 벌 해줄 형편이 못 돼 안필립에게 얻어온 백인 여자아이 옷을 입혔다. 구차했던 초창기 미국 이민 생활의 한 장면이다.

그래도 이혜련은 구김살 없이 씩씩하게 남편의 독립운동을 지지한다. 그녀는 안창호의 가장 든든한 응원군이었다. 1907년 2월 신민회 활동을 위해 안창호가 미국을 떠나 고향 땅으로 갈 때다. 이혜련은 "당신은 애국자요, 영결의 인물로서 국가에 속한 사람이니, 국가와 민족을 위해 일할 수 있는 대로 마음 놓고 활동하시오"라고 말했다. 부창부수夫唱婦隨는 이럴 때 쓰라고 있는 말 같다.

안창호가 다시 미국에 돌아와 흥사단 창립 등에 매진하는 동안, 그녀는 병원 조리사로 세탁소 노동자로 일하며 가정을 꾸렸다. 그러면서 한 땀 한 땀 바느질해 흥사단 기를 만들어낸다.

> 내가 지금까지 아내에게 치마 하나, 저고리 한 감 사준 일이 없고, 필립에게도 공책 한 권, 연필 한 자루 못 사주었다. 그러한 성의가 없었던 것은 아니나 여러 가지 사정으로 그랬는데, 여간 죄스럽지 않다.
>
> 《안창호 평전》, 1926년 안창호가 마지막으로 미국을 떠나며 남긴 송별사

독립운동가 남편을 대신해 오 남매를 억척스럽게 키우며 살아온

이혜련의 삶이 한눈에 그려지는 내용이다. 당시 안창호의 연설을 들은 송별회 참석자 모두가 숙연함에 고개를 떨궜다고 한다.

미국을 떠난 안창호는 1932년 4월 29일 윤봉길 의거가 있던 날 상해에서 체포돼 경성으로 압송된다. 처음에는 서대문 형무소에 수감됐는데 대전 형무소로 이감돼 2년 6개월간 옥고를 치르고 1935년 2월 10일 가출옥한다. 안창호는 쇠약해진 몸에도 불구하고 전국 순회에 나선다. 하지만 일제의 감시와 방해로 얼마 못 가 순회를 중단하게 된다. 이후 평안남도 대보산에 송태산장을 짓고 칩거한다.

그러던 중 일제가 지식인·부르주아 계층 민족계몽 세력을 표적 수사하기 시작한다. 혐의는 치안유지법(국가보안법의 전신) 위반이었다. 국내에서 활동하던 독립운동가들이 줄지어 잡혀 들어가기 시작한다. 1937년 6월 서울에서 55명, 11월 평안도에서 93명, 이듬해 3월 황해도에서 33명 등 모두 181명이 체포된다. '동우회 사건'이었다.

이는 독립운동가를 친일파로 만들기 위한 기획수사였다. 이 사건 이후 이광수는 극렬한 친일분자가 된다. 독립운동에 몸담고 있던 김동원도 일제 편에 선다. 김동원은 친일 문학가 김동인의 형이다. 작곡가 홍난파도 전향을 선택한다. 동우회 사건은 한반도 내에서 비밀스럽게 활동하던 독립운동 조직을 거의 와해시키는 결과를 낳았다.

안창호도 이때 다시 체포된다. 종로경찰서에서 취조를 받고 서대문 형무소에 수감된 그는 고문 후유증으로 건강이 급격히 악화된다. 일제는 쉽사리 병보석을 허락하지 않다, 뒤늦게 출옥을 승낙한다. 안창호는 곧바로 경성제대 부속병원으로 옮겨져 입원치료를 받는다. 하지만 이미 반송장이나 다름없는 상태였다. 안창호는 1938년 3월 10일, 만 59세 나이로 서거한다. 일제는 조문을 금지시키고 장지 망우리 묘소 접근도 막는다. 애석하게도 독립운동의 별 안창호는 제대로 된 장례조차 치르지 못하고 한 많은 생을 마감한다.

미국 이혜련의 집 전화벨이 울렸다. 그녀는 직감적으로 이상한 느낌이 들었다. 가슴이 방망이 치듯 쿵쾅거리기 시작한다. 떨리는 손으로 수화기를 집었다. 평생 독립운동에 투신한 민족지도자이자 사랑하는 남편이자 아이들의 아버지였던 한 사내의 부고였다. 수화기를 놓친 이혜련이 가슴을 부여잡고 쓰러진다. 가족들 앞에서 보인 첫 번째 눈물이었다. 집 안은 울음바다가 됐다. 할 수 있는 거라곤 무너지는 억장을 부여잡고 피를 토하듯 통곡하는 게 다였다. 생의 마지막 모습을 눈바래움하지도, 싸늘하게 식어버린 시신을 부둥켜 안아볼 수도, 마지막 길에 흙 한 줌 보탤 수도 없는 처지였다. 아무것도 할 수 없다는 허망함과 허탈감이 안창호의 가족들을 더욱 고통스럽게 만들었다. 이는 그들이 평생 짊어지고 가야 할 멍에였다. 당시 12살이었던 랄프는 그렇게 아버지의 얼굴을 한 번도 보지 못한 채 유복자 아닌 유복자가 돼야 했다.

이혜련은 남편의 부재에도 꿋꿋하게 대한여자애국단 등을 이끌며 미국에서 독립운동을 계속해나간다. 한편으론 남자아이 셋과 여자아이 둘을 멋지게 키워낸다. 장남 안필립은 최초의 아시아계 영화배우로 명성을 날렸다. 맏딸 안수산은 1942년 미 해군에 입대한 최초의 한인이 된다. 그녀는 미 해군 역사상 최초 여성 포병 장교로 임관했고 2차 세계대전 때 정보 장교로 활동했다.

"아버지의 독립운동은 한국인으로서 그 시대 사명이었습니다. 가족들은 그 사명 때문에 엄청난 고통에 시달렸죠. 하지만 난 자라면서 내 가족이 아버지에 대해 불평, 불만하는 걸 들어본 적이 없습니다. 가족 모두 독립운동을 자신의 사명으로 받아들인 거죠."

랄프가 내게 마지막으로 한 말이다.

그는 비록 아버지의 얼굴을 보지 못했지만 어려서부터 어머니와 큰형에게 전해들은 아버지의 삶을 자랑스러워하며 살았다. 구순이 넘은 지금도 대한인국민회 활동을 이어나가며 우리 역사를 가르치고 알리는 데 앞장서고 있다.

운이 좋았다. 로스앤젤레스에 있을 때 마침 안창호의 80주기 추모식이 있었다. 대한인국민회 건물에서 행사가 있다고 했다. 로스앤젤레스 총영사가 참석한 가운데 제법 규모 있고 격식 있는 행사가 열렸다.

안창호의 사진이 이젤 위에 올려져 무대 옆에 놓였다. 아버지를 한 번도 본 적 없는 그의 아들이 아버지 품에 안긴다. 그리고 랄프의 아내와 대한인국민회 기념재단을 이끄는 배국희 이사장도 안창호의 가슴에 새겨진다. 액자에 비친 행사 장면이 마치 계속되고 있는 우리 역사를 반영하는 것만 같다.

오 혜련 나를 충심으로 사랑하는 혜련 나를 얼마나 기다립니까? 나는 당신을 보고 싶은 생각이 더욱 더욱 간절하옵니다. 내 얼굴에 주름은 조금씩 늘고 머리에 흰털은 날로 더 많아집니다. (중략) 당신은 나를 만남으로 편한 것보다 고苦가 많았고 즐거움보다 설움이 많았는가 합니다. (중략) 속히 만날 마음도 간절하고 다시 만나서는 부부의 도를 극진히 하여 보겠다는 생각도 많습니다마는 나의 몸은 이미 우리 국가와 민족에게 바치었으니 이 몸은 민족을 위하여 쓸 수밖에 없는 몸이라 당신에게 대한 직분을 마음대로 못하옵니다.

《나의 사랑 혜련에게》, 1921년 7월 14일, 안창호가 상해에서 미국에 있는 아내 이혜련에게 보낸 편지글 중 일부

안창호의 막내아들 안필영

낯 뜨거운 이야기

로스앤젤레스에서 렌터카를 빌렸다. 캘리포니아 여기저기 남겨진 독립운동의 흔적을 찾아볼 계획이었다. 루트는 로스앤젤레스, 델라노, 다뉴바, 리들리, 요세미티, 윌로우스, 샌프란시스코로 잡았다. 거의 캘리포니아를 종단하는 먼 길이었다.

하와이에서 미국 본토로 나온 한인 상당수는 중부 캘리포니아에 자리를 잡는다. 이 지역은 한인들의 경제적 자립을 바탕으로 많은 독립자금이 조달된 장소로 남다른 의미가 있다. 이곳에선 한인 백만장자가 여럿 탄생하는데 통역관으로 하와이 이민 배에 오른 김형순, '백미 왕Rice King'으로 불렸던 김종림이 대표적이다. 유한양행을 설립한 유일한 등도 빼놓을 수 없는 한인 경제인이다.

임시정부가 한인 비행사를 양성한 현장도 캘리포니아 새크라멘토Sacramento 인근에 남아 있다. 이곳은 우리 공군의 모태가 된 역사적 장소로 심장을 뜨겁게 달군다. 독립운동사를 통틀어 첫 번째 무장투쟁이 있었던 곳도 캘리포니아다. '장인환 · 전명운 의거'로 기록된 이 사건은 안중근의 하얼빈 의거 등에 영향을 미치기까지 한다.

참고로 캘리포니아의 한자 음역어는 가리복니아주加利福尼亞州이다. 이를 줄여 가주加州라고 했는데 예부터 길쭉하게 생긴 캘리포니아를 북가주, 중가주, 남가주로 나눠 칭했다. 지역별로 나눠보면 대개 로스앤젤레스와 샌디에이고가 있는 지역을 남가주, 다뉴바와 리들리가 있는 지역을 중가주, 샌프란시스코와 산호세가 있는 지역을 북가주라 한다.

남가주를 빠져나와 중가주로 들어서자 목가적 풍경이 펼쳐졌다. 미증유의 들판은 끝이 보이지 않을 정도로 광활했다. 대지라는 단어가 딱 어울리는 장면이었다. 포도 · 오렌지 농장은 차로도 한참을 달려야 그 끝이 보였다. 거기서 또 다른 농장이 시작됐다. 그 규모에 소름이 돋을 지경이었다. 비행기로 씨를 뿌리고 헬리콥터로 약을 친다는 말이 무엇인지 단번에 이해가 됐다.

로스앤젤레스에서 세 시간을 달려 델라노에 도착했다. 먼저 한인들이 다녔다는 한인감리교회를 둘러봤다. 1910~1920년대 중가주 거주 한인들은 주로 다뉴바 한인장로교회와 리들리 한인감리교회(1936년 장로교회로 바뀜)에서 예배를 드렸다.

1930년 델라노에도 한인감리교회가 설립된다. 독립자금을 모금하고 3·1혁명 기념식 등 각종 행사 개최지이기도 했던 교회는 현재 흑인들이 주로 예배하는 곳이 돼버렸다. 델라노 한인교회에서 목회를 한 김탁 목사 등 한인 묘지 20여 기가 남아 있는 노스 컨 공동묘지North Kern Cemetery를 둘러보고 다시 차를 몰았다.

한 시간 남짓 달려 리들리 버지스 호텔Burgess Hotel에 도착했다. 며칠 묵어갈 숙소였다. 이승만과 안창호가 리들리를 방문할 때 이용하던 호텔이라고 했다. 과거 리들리와 다뉴바 등 중가주 지역은 캘리포니아의 한인 3분의 1이 거주할 만큼 영향력이 컸다. 그런 장소를 이승만과 안창호가 그냥 지나칠 리가 없다.

호텔 입구 왼쪽 벽에는 'In Memory of the Two Korean Patriots' Stay at this Hotel'이란 문구와 함께 이승만과 안창호의 얼굴이 새겨진 동판이 부착돼 있다. 호텔 2층 프레지던트 실은 주로 이승만이 숙박했던 객실이라고 한다. 복도 한쪽에는 이승만과 안창호의 사진과 설명이 붙어 있다. 중가주 한인 역사 연구회에서 적어놓은 사진 설명이 무척 재미있다.

이 박사는 36년간 정치 망명생활 중 이 호텔과 인연이 깊다. 이 박사의 재혼과 얽힌 사연이 한 예다. 사연인즉 김형순 선생에게는 두 딸이 있었다. 맏딸 메리는 동부의 유명한 음대를 졸업한 재원이었다. 메리를 마음에 두었던 오십 대 후반의 이 박사가 이십 대 중반의 메리에게 청혼을 했다. 그러나 김 씨 집안에서는 이를 일축했다. 그

리들리 버지스 호텔

후 이 박사는 프란체스카 도너와 결혼했고 평소 친숙했던 김형순 선생의 부인 한덕세 여사에게 소개한다. 한덕세 여사는 평소 타 인종과의 결혼을 금물로 역설하시던 분이 이 무슨 배신행위냐며 이 박사를 문전 박대했다. 이에 진노한 이 박사는 바로 이 호텔방에 은신한 채 금식하며 노여움을 달랬다고 한다. 이것이 1935년의 일이다. 해방 후 김형순 부부는 메리가 대한민국 영부인이 됐더라면 어땠을까 하는 후회를 했던 모양이다. 그것이 아쉬웠는지 김형순은 훗날 이 호텔방을 이승만 박사 기념관으로 명명하고 싶어 했다.

19

대한의 행복이라야
나의 행복이다

리들리에서 차로 15분 정도 가면 다뉴바가 나온다. 이곳은 1920년 3월 1일 중가주 지역에 살던 한인 300여 명이 모여 3·1혁명 1주년 기념식을 거행한 현장이기도 하다. 당시 한인들은 거리 퍼레이드를 하며 '대한독립 만세'를 부르짖었다. 그날을 기록한 사진 속에는 한인들이 양복을 차려입고 말과 자동차에 나눠 타 퍼레이드를 펼치는 장면이 담겨 있다. 당시는 윌로우스 한인비행사양성소K.A.C(Korean Aviation Corp) 설립이 한창 추진되던 시기였다. 동포들은 3·1혁명 1주년 축하비행까지 계획한다. 하지만 당일 기상악화로 프레즈노 상공에서 기수를 돌렸다는 이야기가 전해진다. 퍼레이드가 실제 있었던 거리 한쪽에는 '다뉴바 3·1혁명 1주년 행사 기념비(In Memory of the Korean Independence Parade of 1920)'가 서 있다.

1919년 8월 5일 다뉴바에서 대한여자애국단이 창단된다. 이 단체는 안살림을 담당했던 여성들이 근검절약해 독립운동에 나선 것으로 유명하다. 단원들은 매주 화요일과 금요일은 고기 안 먹는 날, 수요일은 일본 간장 안 먹는 날로 정해 가정마다 후원금을 모아 매달 3달러의 회비를 보탰다. 대한여자애국단은 1919년부터 1945년까지 그렇게 모은 알토란 같은 자금 4만 6,000달러를 대한인국민회, 임시정부, 워싱턴구미외교부, 〈신한민보〉 등에 전달했다. 독립운동은 이런 대한의 여성들이 없었다면 결코 지속되기 어려운 일이지 않았을까.

다음은 1920년 9월 23일 자 〈신한민보〉에 실린 대한여자애국단 한성신의 글 일부다. 이 글은 이들이 얼마나 조국을 그리워하고 사랑했는지 잘 보여준다.

> 우리는 어떤 처지로 어떤 곳에 있던지 꼭 대한여자들이로소이다. (중략) 꼭 대한의 권리라야 나의 권리가 되며 대한의 자유라야 나의 자유가 되며 대한의 행복이라야 나의 행복이 되나니 (중략)
> 이를 벌써 깨달은 우리의 어머니, 아버지, 오라비, 누이, 동생들은 대한의 권리, 자유, 온갖 행복을 위해 피를 흘렸으며 죽지 아니하였습니까? 그런데 만일 해외에 있는 대한 여자로 자라난 우리도 그 책임과 의무를 잊어버리고 일시 혼자 잘 먹고 평안히 있는다면 무엇이 그리 기쁘며 무엇이 그리 만족하오리까? (중략)
> 이제 간절히 우리의 부모와 가장이 되시는 이들에게 바라는 바,

IN MEMORY OF THE
KOREAN INDEPENDENCE
PARADE OF 1920
On the morning of March 1st, 1920, over
300 Koreans gathered at the Dinuba Korean
Presbyterian Church sanctuary to celebrate
the first anniversary of Korea's March 1st
uprising against Japanese colonialism (1910-
1945) and the Declaration of Independence
of Korea. Worship service, reading of the
text of the Declaration of Independence,
speeches, and singing of the Korean
national anthem followed. They paraded
the streets of Dinuba led by a color guard
and the Korean Ladies Relief Society
members in nurse's uniform carrying the
Korean flag. Because of the heavy rain that
day, an airplane that took off from
Sacramento to fly over the parade route
made it to Fresno but could not fly another
14 miles south to reach Dinuba. This was
a plane flown by an aviator, Lee Yong-seon
from the Korean Aviation School, which
the renowned rice farmer, Kim Chong-lim
(the "Rice King"), established in Willows,
California to train Korean youth living in
America to prepare to fight the Japanese
for Korean independence. This monument
is in remembrance of their patriotic spirit,
courage and dedication.
Dedicated by the Central California
Korean Historical Society
(CCKHS)
April 12, 2008

여러분의 딸들이나 아내들이 나라를 돕겠다고 돈을 좀 청구할 때에 머리를 흔들어 거절하거나 성을 내지 마소서.

대한은 남자 여러분의 대한만 아니요, 우리 여자들의 대한도 되나니 여러분의 아내나 딸들로 하여금 책임을 다하게 하소서. 의무를 각근히 하게 하소서.

아! 아! 대한의 어머니들이여

벌거벗은 대한을 위하여 입은 옷이라도 벗어주소서.

대한의 누이들이여

주린 대한을 위하여 식은 밥 한 술이라도 먹여주소서.

대한의 딸들이여

목마른 대한을 위하여 냉수 한 그릇이라도 마시게 하소서.

중가주,
독립운동의 '금맥'

중가주에 터전을 잡은 한인 상당수는 영어가 서툴렀다. 달리 할 수 있는 일은 많지 않았다. 그들은 터벅터벅 농장을 찾아간다. 몸이 부서질 것 같은 중노동이었지만 해가 뜨면 어김없이 지평선까지 뻗어 있는 대지로 향했다. 근면 성실은 영어를 대체할 수 있는 그들만의 능력이었다. 그렇게 중가주의 한인들은 임시정부 수립 자금의 절반 이상을 댄다. 이 땅은 독립자금의 금맥이나 마찬가지였다.

하지만 정착 초기는 실로 눈물겨운 나날이었다. 과일이나 채소 농장의 시간당 임금은 20~30센트에 불과했다. 당시 한 달 생활비는 10~15달러 수준이었다. 안정된 일자리가 있었던 것도 아니다. 한인 대부분은 '철새 노동자'였다. 그때그때 일거리를 쫓아다니다 보니 수확 철이 아니면 끼니를 걱정해야 하는 형편이었다.

그러던 중 사돈관계였던 김형순과 김호가 리들리에 '김형제상회Kim Brothers Company'를 설립하면서 새로운 돌파구가 만들어진다. 한인들에겐 안정된 일터가, 독립운동가에겐 새로운 자금줄이 생기는 계기였다.

통역관으로 하와이에 온 김형순은 1916년 리들리에 정착하는데 미국인들이 복숭아 잔털 알레르기가 심하다는 점에 착안, 천도복숭아를 모델로 복숭아와 자두를 육종해 '넥타린Nectarine'이란 새로운 품종을 개발한다. 처음에는 묘목만 판매했는데 나중에는 '김형제상회'를 통해 미국 전역에 털 없는 복숭아를 유통해 백만장자 반열에 오른다. 그는 1920년대 중반 이후 탄탄한 경제력을 바탕으로 한인들의 생활 안정에 크게 기여하는 한편 독립운동가로 역할을 다해나간다.

유한양행을 설립한 유일한(1895~1971)도 미국 이민자 중 빼놓을 수 없는 경제인이자 독립운동가다. 그는 1922년 중국인을 상대로 숙주나물 통조림 등을 판매하는 '라초이 식품회사La Choy Food Product Inc'를 설립해 6년 만에 자산 200만 달러 규모의 회사로 키워낸다. 당시 유명한 일화가 있다. 유일한이 숙주나물 통조림의 홍보를 고심하던 중 한 가지 아이디어를 떠올린다. 그는 통조림을 한 트럭 싣고 고의로 사고를 내게 한다. 길바닥에 쏟아진 통조림, 기자들이 이 사고 기사를 쓰게 되고 자연스레 제품이 알려진다.

1926년 잠시 고향에 돌아온 유일한은 미국에서 번 자금으로 유한

양행을 설립한다. 미국에 돌아간 그는 2차 세계대전 당시 한인국방경위대 창설 등에 참여한다. 1945년엔 OSS 소속 침투 요원으로 선발되기도 한다. 그의 나이 50세 때 일이다.

죽어서도 혼자였던 사람들

중가주 이민 초기 한인들은 입에 풀칠하기도 힘든 시절이었지만 이를 악물고 근검절약해 묵묵히 독립자금을 댄다. 팍팍한 삶이었지만 한 번도 희망을 저버리거나 목적을 잃어버리지도 않았다. 그랬던 사람들이 하나둘 흙으로 돌아간다.

현재 리들리에는 145기, 다뉴바에는 45기의 한인 묘지가 남아 있다. 백만장자 김형순과 그의 아내 한덕세도 리들리 공동묘지에 잠들어 있다. 중가주에 묻힌 한인들 중엔 평생 독신으로 산 사람들도 꽤 된다. 이들은 홀몸으로 배에 올랐고, 버거웠던 삶의 무게를 마땅히 나눌 곳 없던 외로운 사람들이었다.

애달프게도 이들의 고독은 죽어서도 계속돼왔다. 대를 잇지 못한 죗값이었다. 그들은 외면과 무관심 속에서 공동묘지의 소품인 양

덩그러니 방치된다. 죽어서라도 고향에 돌아가고 싶었건만 이들이 할 수 있는 건 숨죽인 채 작디작은 땅뙈기를 지키는 게 다였다. 그렇게 시간은 아무도 주목하지 않던 우리 역사의 한 페이지를 서서히 지워내는 듯했다. 그러다 1990년대 미국 내 한인 이민자들이 늘게 되고 이름 없는 봉사자들이 이민 1세대들의 묘소를 찾기 시작한다.

리들리 공동묘지에는 이들의 흔적이 곳곳에 묻어 있다. 묘지를 하나씩 확인해가며 한글 성씨를 찾다, 한반도와 아리랑 가사가 새겨진 의자를 발견했다. 몇십 년간 미국 교포들이 중가주에 남은 조상들의 흔적을 성역화한 결과였다.

이민 1세대들은 침묵으로 죽음 이후의 운명을 기다리고 있었던 건 아닐까. 어쩜 저승에서 과거를 돌아보는 거울이자 창이 되고자 했던 건지 모르겠다. 그러기 위해 침묵 위에 올라타 외면과 고독의 바람에 맞서 시간 저 너머로 가고자 했던 것이 아닐까. 거기서 자신을 통해 우리 역사를 들여다보고 지금의 대한민국을 말하고 싶었던 거 아니었을까.

버려진 건 없었다. 그들은 단지 기다렸을 뿐이다. 공동묘지의 나지막한 침묵은 이제 더 이상 소리 없는 아우성이 아니다. 적막했던 풍경에 온기가 스민다.

리들리 공동묘지 김형순·한덕세 묘지

아리랑 아리랑 아라리요 아리랑 고개로 넘어간다
나를 버리고 가시는 님은 십리도 못가서 발병난다

두 영웅의 만남

나라를 떠나면 다들 애국자가 된다고 했다. 리들리에서 가장 깜짝 놀란 순간은 서대문에 서 있어야 할 독립문을 봤을 때다. 미국의 동포들은 지난 2010년 독립문 원형을 4분의 1로 축소한 작은 독립문을 리들리 한복판에 세운다. 또 그 앞에 광장을 조성하고 이승만, 안창호, 이재수, 윤병구 목사, 김종림, 김호, 김형순, 한시대, 송철, 김용중 등 애국지사 10인의 기념비도 함께 제막했다. 비석에는 인물별 애국활동 내용이 한글과 영문으로 빼곡하다.

독립문을 촬영할 때였다. 몇몇 사람들이 기념비 주변을 정비하기 시작했다. 간이 화장실까지 설치되는 걸 보니 무슨 행사가 있는 모양이었다. 대형 버스 한 대가 사람들을 쏟아냈다. 모두 미국에 살고 있는 교포들이었다. 거기엔 배국희 이사장도 있었다. 놀라움과 반가움에 따뜻하게 포옹을 했다. 정기적으로 조상들의 흔적을 답사하고 있다고 했다.

잠시 뒤 리들리 시장이 도착했다. 기념행사가 열렸다. 리들리 독립문 앞이 사람들로 북적였다. 혼자 촬영할 때의 외로움은 온데간데없다. 여기저기서 사진을 찍어달라고 했다. 한바탕 잔치가 벌어지고 있는 느낌이었다. 덩달아 신이 났다. 그리고 한 사람을 소개받았다. 김종림과 함께 윌로우스 한인비행사양성소를 만든 독립운동가 노백린의 손녀 노영덕 여사였다. 너무 깜짝 놀라 두 손을 맞잡고 기쁘게 인사를 나누었다. 그녀에게 사진을 찍고 싶다고 부탁했다. 그녀가 말했다.

"여기 김종림 선생님 기념비가 좋을 것 같아요."

오래전 젊음을 지나온 여인, 마치 죽음에서 생환한 듯한 청년 김종림, 그들이 얼굴을 나란히 하고 카메라를 바라본다. 어긋난 듯 보이는 모습이 마치 유유히 흐르는 역사의 흐름을 말해주는 것만 같다. 두 영웅의 만남이었다.

정말 우연이었을까. 노백린의 손녀를 만나고 그녀가 김종림의 기념비에서 사진을 남긴 게. 보이지 않는 그 어떤 힘이 어서 가라며, 다음 장소로 떠밀고 있었던 건 아니었을까.

Kim Chong Lim (1884-1973)
• BORN AND RAISED IN WON SAN, SOUTH HAM-GYEONG PROVINCE IN KOREA. EMIGRATED TO HAWAII IN 1903 AND MOVED TO CALIFORNIA IN 1906
• LIVED AND WORKED IN FRESNO IN 1908 PICKING GRAPES, HELPED ORGANIZE AND RUN THE FRESNO OFFICE OF THE KOREAN MUTUAL ASSISTANCE ASSOCIATION AND HELD POLITICAL DISCUSSIONS ON THE PRECARIOUS KOREAN SITUATION
• LURED BY RICE FARMING OPPORTUNITY IN NORTHERN CALIFORNIA, MOVED TO COLUSA COUNTY TO GROW RICE IN 1913
• MADE HUGE FORTUNE GROWING RICE EARNING AN APPELLATION AS "RICE KING"
• SPENT A GOOD PART OF HIS FORTUNE TO BUILD THE KOREAN AVIATION SCHOOL, THE PROGENITOR OF KOREAN AIR FORCE, IN WILLOWS, CALIFORNIA, WHERE HE FARMED. HIS GOAL WAS TO TRAIN KOREAN COMBAT PILOTS TO FIGHT JAPANESE COLONIALISTS OCCUPYING HIS HOMELAND
• A FOUNDING MEMBER OF HEUNG SA DAHN (YOUNG KOREAN ACADEMY), BUT REMAINED A LIFE-LONG SUPPORTER OF DONGJI HOE (COMRADE SOCIETY)
• AFTER HE LOST HIS FORTUNE TO TORRENTS OF RAIN AND FLOODS OF 1920 THAT RAVAGED HIS RICE FIELD, HE SPENT MUCH OF HIS LATER YEARS FARMING IN CENTERVILLE NEAR REEDLEY
• POSTHUMOUSLY AWARDED ORDER OF MERIT FOR NATIONAL FOUNDATION, THE NATIONAL MEDAL IN 2005

노백린의 후손 노영덕

문

도쿄에 폭탄을 투하하라

리들리에서 새크라멘토 윌로우스를 향해 차를 몰았다.

요세미티 국립공원 인근에서 하룻밤을 보내고 다음 날 일찍 다시 차를 몰아 새크라멘토를 지날 때였다. 빗발이 흩날리기 시작했다. 금새 하늘이 어두컴컴해지더니 장대비를 쏟아내기 시작했다. 급기야 천둥이 치고 번개가 번쩍였다. 휴게소에서 햄버거로 끼니를 때우며 하늘의 노여움이 풀리길 기다렸다. 하늘은 점점 토악질하듯 비를 쏟아내고 있었다.

계획을 세운다고 착착 진행되는 건 그렇게 많지 않았다. 모든 촬영지가 초행길이었고 현지가 어떤 사정인지 전혀 알 수 없었다. 머물 것인지 말 것인지, 접어야 할 것인지 계속해야 할 것인지, 결정을 내려야 할 때가 많았다. 관성으로 될 일이 아니었다. 결정의 순간 마땅히 어디다 상의할 곳도 없었다. 계획이 서면 모든 걸 혼자 판단해야 했고 문제가 생기면 그때그때 재치를 발휘해야 했다.

이 과정은 밤마다 역사의 한 토막씩을 공부해야 하는 날의 연속이기도 했다. 질문이 생기면 명쾌한 답이 찾아질 때까지 자료를 뒤져야 직성이 풀렸다. 그렇게 텍스트 위를 헤매다 카메라를 들고 현장에 서면, 공간이 갖고 있는 이야기를 어떻게 이미지로 풀어내나, 하고 얼굴을 감싸 안았다. 매번 만들어낸 이미지에 한계를 느꼈고 때론 이것밖에 안 되나 하고 긴 한숨을 토해냈다.

비구름의 기운이 좀 꺾인 듯했다. 빗방울이 포실포실 날렸다. 다시 차를 몰았다. 새크라멘토를 우회해 한참을 달리자 윌로우스 이정표가 나왔다. 바로 찾던 곳이었다. 이렇게 국외독립운동사적지를 찾아다니다 보면 문득문득 게임 속에 들어와 있는 듯한 느낌이 들었다. 장소마다 숨겨진 아이템을 찾는 그런 게임, 바뀐 게 있다면 현장마다 사진을 남기면 된다는 것쯤.

윌로우스 시내에서 162번 고속도로를 타고 가다 58번 도로로 꺾어 들어갔다. 왕복 2차로 길을 달리다 길섶에 차를 댔다. 먼발치 얼핏 보기엔 헛간 같아 보이는 한인비행사양성소 교육장이 보였다. 또 하나의 게임 속 아이템을 찾은 것 같았다. 낡은 목조 건물은 문마다 자물쇠가 달려 있었다. 옆집에 주인이 살고 있다고 했다. 문을 두드렸지만 인기척이 없었다.

원래 이 건물은 윌로우스 지역 백인들이 자녀 교육을 위해 1914년 설립한 퀸트 학교Quint school였다. 학교는 학생 수가 줄면서 1918년

문을 닫는다. 이후 방치되다 한인비행사양성소 교육장으로 사용된다. 처음 위치는 비행기 격납고가 있던 곳이었는데 정미소가 들어서면서 오래전 현재 위치로 옮겨졌다.

노백린과 김종림은 한인비행사양성소 설립에 전부를 걸었던 인물들이다. 백미 왕이라 불리던 한인 최초 백만장자 김종림(1884~1973)은 1907년 하와이에서 미국 본토로 나와 유타주 솔트레이크시에서 철도건설 노동자로 일한다. 이후 1909년 1월 샌프란시스코로 이주, 국민회 일을 맡게 된다. 이 시기 김종림은 전도유망한 청년들의 대학 학비를 지원하는 교육사업을 펼친다. 대한인국민회 지도자였던 이대위가 이 지원을 받은 대표 사례다. 그러면서 북만주 독립운동기지 조성 사업도 함께 펼쳐나간다.

특히 김종림은 흥사단 이력서에 자신의 장기를 농사라고 썼을 정도로 농업에 관심이 많았다. 그는 일찍이 쌀농사 최적지로 북가주 일대를 점찍어 두고 있었다. 1911년 감자 농사에 먼저 뛰어들지만 별 재미를 보지 못하자 이듬해 쌀농사에 나선다. 당시는 동양인이 직접 땅을 사 농사를 지을 수 없던 시절이었다. 이에 김종림은 농경지를 임대하고 근면 성실한 한인 일꾼을 고용해 밤낮으로 땅을 일궈 늪지대를 옥토로 바꿔 나간다. 그의 도전은 위험을 무릅쓴 시도였고 실패를 두려워하지 않은 투자였다. 당시 캘리포니아에서 쌀농사는 미개척 분야나 마찬가지였다. 하지만 김종림은 쌀에 대한 우리 민족의 역사와 감을 믿었다.

1차 세계대전이 발발한 1914년 김종림은 크게 수확을 거둔다. 1915년, 1916년에도 연이어 풍작을 만들어낸다. 그러던 중 1917년 독일이 '무제한 잠수함 작전'을 펼치며 상선들을 공격하자 미국이 1차 세계대전 참전을 결정한다. 쌀값이 폭등하기 시작했다. 전쟁 특수였다. 김종림이 한인 미국 이민자 최초 백만장자로 거듭나는 순간이었다.

그의 성공 소식에 백인들도 쌀농사에 뛰어들기 시작했다. 그들은 한인 노동자를 관리·감독인으로 고용한다. 그러자 정작 한인들이 동포 노동자를 고용하지 못하는 일까지 생겨났다. 당시 새크라멘토 인근 맥스웰, 댈라빈, 윌로우스 등지에서만 90여 명의 한인들이 농사를 짓고 있었다.

김종림은 1915년 100에이커(1에이커는 4,046.85642㎡, 약 1,224평)에서 6,200여 석을 수확했고 점차 농토를 늘여 1919년에는 3,300에이커(1,335만 4,626㎡, 400여만 평)에서 약 21만여 석을 수확한다. 당시 김종림의 농지는 여의도 넓이의 4배가 넘는 어마어마한 크기였다. 대부호 반열에 오른 그는 독립자금 기부에도 가장 통이 컸다. 대한인국민회 중앙총회는 1918년 11월 24일부터 1919년 12월 15일까지 독립의연금을 모금했는데, 이 기간 김종림은 1,345달러를 기부해 최고액을 기록했다. 당시 미주 지역 한인 노동자의 월 평균 임금은 30달러 남짓이었다.

김종림이 한창 사업가로 성공 가도를 달리고 있을 때 상해에서 대한민국 임시정부가 수립(1919년 4월 11일)된다. 당시 임시정부는 독립운동 방법론과 결부된 정부의 위치문제 등으로 진통을 겪는데 외교론자들은 상해에, 무장투쟁론자는 만주에 각각 본부를 두자고 맞섰다. 그러다 독립운동가 이동휘가 합류하고 만주 독립운동 단체들이 임시정부에 속속 지지를 표하면서 안정을 찾아간다.

임시정부는 이 시기 외교활동을 역점 사업으로 두면서도 지속적으로 군사를 모집하고 군간부를 양성하는 일을 게을리하지 않았다. 당시는 만주 신흥무관학교에서 독립군을 양성하고 있었고 3·1혁명 이후 많은 독립투사들이 서·북간도로 넘어가 활발히 활동하던 시기였다. 이에 일제와의 일전을 준비해야 한다는 주장에 점점 힘이 실리고 있었다. 서로군정서 독판 이상룡이 안창호에게 보낸 서신에서 군사력 강화를 임시정부 최우선 과제로 신경 써달라고 언급한 부분도 이런 분위기를 잘 드러낸다.

하지만 곤궁한 형편이었다. 군사를 키울 자금도 공간도 마땅치 않았다. 사정상 당장 대규모 군사를 일으키는 건 불가능했다. 그럼에도 원수와의 혈전을 위해 우리 조상들은 공군 양성 등 군사력 강화를 위해 매진한다.

우선 임시정부는 1919년 12월 18일 군무총장(현 국방부장관) 노백린 명의로 '대한민국육군임시군제' 등 세 가지 군사관련 법령을 제정한다. 이는 군사정책에 대한 기본원칙과 방향을 제시하고, 군사 모집과 군간부를 양성하기 위한 실행방안 등이 그 뼈대였다.

이 무렵 미국에서 대한인국민회 중앙총회가 재미한인국민대회

(1919년 12월 22일~30일)를 소집하는데, 이 자리에선 독립전쟁을 위한 사관 양성과 공군 창설 계획 등이 언급된다.

이어 임시정부는 1920년을 '독립전쟁의 원년'으로 선포하고 일제와의 전면전을 대내외에 천명한다. 1920년 3월 국무총리 이동휘가 '대한민국임시정부 시정방침'을 발표한다. 여기엔 '미국에 기량이 우수한 청년을 선발 파견해 비행기 제조와 비행 전술을 학습케 한다'는 내용이 포함돼 있었다.

이쯤 되자 국내에서 임시정부가 비행군단을 꾸리기 위해 자금을 모으고 있다는 설이 나돌기 시작했다. 이 당시 전 세계에서 공군을 운영하던 국가는 미국, 영국, 독일, 프랑스, 러시아, 일본 등 소수 열강뿐이었다. 이 중 일본은 육·해군력에 비해 공군력은 보잘것없는 수준이었다. 우린 이 허점을 파고들 수 있을 거라 봤다. 공군 양성은 불리한 전세를 단숨에 뒤집을 수 있는 히든카드였다.

상해에서 미국 동포들과 교감하며 이 일을 추진한 건 안창호였다. 그는 처음 비행기 구입과 비행사 고용 등을 검토하며 러시아와 접촉을 시도하지만 사정이 여의치 않았다. 방향을 틀어 필리핀 마닐라로 눈을 돌리기도 했다. 애초 비행기 구입 목적은 전투용이라기보단 연락용 내지는 선전물 대량 살포 수단이었다. 하지만 비행기 운항거리가 250킬로미터 내외여서 크게 실익이 없다고 봤다. 무엇보다 자금이 문제였다. 이승만이 미국에서 독자적으로 구미위원부를 설치하고 독립 공채 발행을 추진하면서 임시정부는 더 큰 재정

압박에 시달리게 된다.

그럼에도 임시정부와 안창호는 대한인국민회와 흥사단에게 도움을 요청하는 한편 국내 천도교 세력과 접촉해 비밀리에 공군 양성을 위한 물밑 작업을 진행해나간다.

이런 상황에 백미 왕 김종림이 구세주처럼 등장한다. 그는 1920년 2월 새크라멘토 북쪽 윌로우스에 한인 비행사를 키울 땅과 자금을 아낌없이 내놓는다. 우선 비행기 구입과 관련 시설 구축 등을 위해 2만 달러를 기부한다. 또 매달 운영자금 3,000달러를 후원한다. 당시 훈련기 한 대 가격이 3,000달러 안팎이었던 걸 감안하면 매달 비행기 한 대 값을 운영비로 지원했단 얘기다. 이 일로 임시정부 재무총장 이시영은 김종림에게 감사장을 보낸다.

더욱 놀라운 건 평소 김종림은 이런 일을 입 밖에 내지 않았을뿐더러 심지어 가족들도 이런 사실을 잘 몰랐다고 한다.

우리 역사 최초
공군 장교 탄생

임시정부 초대 군무총장에 임명된 노백린(1875~1926). 그는 대한제국 무관 출신으로 평생 참 군인의 삶을 실천한 인물이다. 1905년 을사늑약 체결 뒤 이토 히로부미가 고관들을 초청해 연회를 열 때 일화는 그의 성품을 잘 드러낸다. 이야기는 이렇다.

연회에는 이완용, 송병준 등 매국노가 다수 참석했는데 노백린은 이들을 보고 마치 개를 대하듯 "워리, 워리"라고 불렀다고 한다. 나라 팔아먹은 개 같은 놈이란 뜻이었다. 마침 이 모습을 본 일본군 사령관 하세가와 요세미치長谷川好道가 일본도를 빼든다. 노백린도 지지 않고 차고 있던 조선도를 빼 일촉즉발의 상황이 연출된다. 자칫하면 진검 승부로 번질 수 있던 순간, 이토 히로부미가 황급하게 하세가와를 만류한다. 이 사건에서 알 수 있듯 노백린은 배짱과 기백이 넘치는 군인 중에 군인이었다.

그는 1907년 대한제국 군대가 해산되자, 안창호, 이동녕 등과 함께 비밀결사 조직 신민회를 만드는 데 앞장서며 독립운동에 본격 투신한다. 이후 노백린은 상해를 거쳐 미국에 망명해 하와이에서 박용만과 함께 국민단을 창설하고 무장독립운동을 준비한다.

노백린은 1919년 10월 1일 하와이를 떠나 미주 동포 사회 순회에 나선다. 그가 동부 순방을 마치고 1920년 1월 15일 샌프란시스코에 도착하자 대한인국민회 중앙총회는 성대한 환영식을 개최한다. 이 자리엔 레드우드 비행학교Redwood Aviation School에서 미리 수학하고 있던 한인 학생들도 참석한다. 노백린은 이 과정에서 김종림을 만나 공군 양성에 대한 서로의 공감대를 확인한다.

한인비행사양성소 설립 과정 중 가장 신경 쓰이던 부분은 미국인들의 이해였다. 우리 땅이 아닌 곳에서의 군대 양성은 국제관계를 살피고 미국 내 민심을 자극하지 않는 방향이어야 했다. 미주 한인 사회에선 이 학교를 비행군단으로 불렀는데 〈신한민보〉는 공식적으로 '한인비행사양성소'란 교명으로 보도했다. 대놓고 남의 땅에서 군인을 길러낸다고 할 수 없던 그늘진 현실이었다.

그렇다 하더라도 미국은 공군을 양성하는 데 가장 현실적 장소였다. 노백린은 대한인국민회 지원에 힘입어 임시정부 공군 창설 프로젝트에 본격 착수한다. 먼저 훈련 교관 초빙과 비행학교 운영 등을 살피기 위해 1920년 2월 5일 레드우드 비행학교를 방문한다. 이

자리에서 항공 재킷을 입고 한인 학생들과 기념사진을 남기는데, 이 장면이 '한인비행사양성소'란 키워드에 가장 많이 검색되는 사진이다.

한인비행사양성소 설립은 일사천리로 진행된다. 훈련시설이 빠르게 제 모습을 갖춰 나가는 가운데 레드우드 비행학교 교관 브라이언트Frank K. Bryant가 합류한다. 미국인 정비사 두 명도 함께 채용된다. 김종림은 비행기 세 대를 마련하고 윌로우스 대지 위에 활주로를 닦는다. 훈련기 중에는 최신 '스탠더드 J-1' 기종도 있었다. 일본 정보 보고에 따르면 한인비행사양성소에는 다섯 대의 비행기가 있었다.

이곳은 사실상 1920년 2~3월부터 가동되고 있었는데 첫 훈련생 모집에는 24명의 한인 청년들이 지원했고, 최종 15명이 선발된다. 이들은 일반 비행학교 교육생이 아닌 임시정부 산하 비행군단 소속으로 훈련을 받는다. 200여 명의 인파가 참석한 가운데 1920년 7월 5일 공식 개교 행사가 열린다. 이날 노백린은 "독립전쟁이 일어날 때 우리 공군이 일본에 날아가 도쿄를 쑥대밭이 되도록 폭격하자"고 연설한다.

개교 직후 레드우드 비행학교에서 교육받은 한인 청년들이 훈련 교관에 임명돼 힘을 보탠다. 임시정부는 1921년 7월 이 학교 출신 박희성, 이용근을 육군 비행병 참위(현재 소위)로 임명하는데 우리 역사를 통틀어 정부가 공식 임명한 첫 비행장교가 이들이다.

윌로우스에 모인 한인 교육생들은 낮엔 김종림의 농장에서 일하고 밤엔 교장 노백린의 지도 아래 군사훈련을 이어간다. 졸업은 비행훈련과 함께 무선전신학과 비행기수선학(정비) 등의 과목을 전부 이수해야 가능했다. 학비는 매달 150달러 정도였는데 학생들은 김종림의 농장에서 일하며 일정 부분을 충당했다.

노백린은 비행학교가 안정적으로 운영되는 것을 확인한 뒤, 1920년 7월 샌프란시스코에서 하와이로 간다.

석 달 뒤, 불행이 찾아든다. 폭풍이었다. 엄청난 비바람이 윌로우스 지역을 강타한다. 추수를 앞둔 벼 70%가 수장되거나 허리가 꺾여버린다. 쌀값도 1차 세계대전 종전 후 하락세를 면치 못하고 있었다. 김종림은 큰 피해를 입는다.

> 불행히도 지난주 폭풍우로 '김 앤 포터Kim and Porter'가 피해자 가운데 하나가 됐다. 1,700에이커 대지 위 잘 익은 벼가 절망적으로 넘어졌다.
>
> 북가주 글렌카운티에서 발행된 미국 신문 〈글렌 트랜스크립트The Glenn Transcript〉 1920년 10월 13일 자 보도. 김 앤 포터는 김종림의 쌀농사 업체다.

김종림은 일본의 허점을 찔러보겠다며 야심차게 설립한 한인비행사양성소를 더 이상 지원할 수 없게 된다. 재정이 바닥난 학교는 결국 1921년 4월 문을 닫는다. 이후 김종림은 이런저런 사업으로 재기를 노렸지만 과거의 영화를 회복하지 못한다. 그럼에도 그의 항일의식에는 변함이 없었다. 김종림은 일본이 진주만을 폭격하자 환갑을 눈앞에 둔 나이에 캘리포니아 주 방위군에 지원한다. 또 두 아들 김진원과 김두원은 2차 세계대전에서 모두 미 해군으로 참전, 부자 모두 일본과 싸운 기록을 남겼다.

김종림은 1973년 로스앤젤레스에서 세상을 떠났고 한국 정부는 그가 죽은 지 32년이 지난 2005년에 이르러서야 건국훈장 애족장을 추서했다.

엉터리 사진이 찾아낸 진실

한인비행사양성소 교육장 내부를 보고 싶었지만 집주인을 언제까지고 기다릴 순 없었다. 먼저 격납고 자리와 활주로 터를 찾아 나섰다. 농로를 따라 한 블록 정도 차를 몰아 내려갔을까. 끝을 헤아릴 수 없는 농경지가 나왔다. 핸들을 어디로 돌려야 할지 감이 오질 않았다. 갖고 있던 자료 어디에서도 활주로 터와 원래 교육장 위치가 속 시원히 표시돼 있지 않았다. 난감했다.

로스앤젤레스에 있는 배국희 이사장에게 전화를 했다. 도움을 받을 곳이 없냐고 물었다. 그녀는 중가주 한인역사연구회 차만재 박사를 연결해주었다. 다행히 차 박사는 리들리에서 만난 적이 있었다. 수화기 너머로 사정 이야기를 하니 먼저 정미소를 찾으라고 했다. 거기 가면 나무 한 그루가 서 있고 그 아래 퀸트 학교 터 표식이 있다고 했다. 또 정미소 안에 과거 비행기 부품 등을 보관했던 것으로 추정되는 건물이 남아 있다고 했다. 설명을 듣고 다시 차를 몰았다. 한 정미소 앞에 차를 세우고 다시 전화를 걸었다. 지형을 설명하니 다른 정미소라고 했다. 다시 비포장길을 달렸다. 끝없이 펼쳐진 아스라한 농토는 도통 어디가 어딘지 구분이 가질 않았다. 마치 미로에 들어와 있는 듯 방향감각을 유지하기 힘들 정도였다.

멀리 듬성듬성 보이는 건물을 기준으로 핸들을 이리저리 돌리다 길쭉하게 생긴, 마치 격납고처럼 보이는 양철 건물 하나를 발견했다. 차 박사에게 사진을 찍어 보내니 거기가 아니라고 했다.

다시 차에 올라 덜컹이는 비포장도로를 달렸다. 두리번두리번 헤매다 또 다른 정미소를 만났다. 나무 한 그루가 서 있어야 했다. 하지만 나무는커녕 풀 한 포기도 없었다.

'여기가 아니라면 또 어디란 말인가.'

마음이 내려앉고 기운이 쭉 빠졌다. 잠시 쉬어갈 겸 차에서 내렸다. 정미소 앞에 땅이 파인 흔적이 보였다. 그 옆에 쇠로 된 작은 징 같은 게 박혀 있었다. 뭔가 싶었다. '혹시.' 쪼그려 앉아 보니 찾던 퀸트 학교 표식이었다. 헛웃음이 나왔다. 그제야 정미소 안쪽으로 오래된 목조 건물이 눈에 들어왔다. 자세히 다가가 외관을 살펴보니 얼핏 봐도 아주 오래전에 지어진 건물 같았다. 이 지역은 습도가 높지 않아 목조건물 수명이 길다고 했다. 정미소 가장 안쪽 건물은 퍽 천장이 높았다. 머릿속으로 그 안에 비행기를 넣었다 뺐다 했다. 그러고 보니 비행기가 들어갈 법도 했다.

활주로를 찾을 차례였다. 비행기 격납고에서 멀지 않은 곳이어야 말이 됐다. 다시 차를 몰았다. 그러다 넓은 농장을 가로지르는 길을 만났다. 시작점은 차가 크게 돌 수 있는 교차로같이 보였다. 차 박사에게 전화를 해 현장을 묘사하니 "네, 네, 거기가 바로 활주로 터예요!" 하고 옥타브를 높였다. 기쁨과 안도가 밀려들었다.

지평선을 향해 곧게 뻗어 있는 길, 대한의 조종사들이 일본과의 전쟁을 준비하며 힘차게 비상했을 현장. 그리고 100여 년 전 그들처럼 아무것도 남지 않은 공간. 괜스레 발부리에 차이는 돌멩이에 성을 내본다. 까닭 모를 허망함에 한동안 하늘을 올려다봤다.

다시 먹구름이 몰려오고 있었다. 바람도 심상치 않았다. 작은 소용돌이 바람이 비포장길 위에서 춤을 추기 시작했다. 요란스러운 바람이 몸을 할퀴고 지나간다. 서둘러 카메라를 꺼냈다.

'여기 어디쯤 우리 공군의 시작이란 표시 하나 있으면 좋으련만. 그럼 조금 덜 스산할 텐데…. 그렇게 저 바람처럼 노백린, 김종림 그리고 한인 학생들의 꿈과 희망은 구원받지 못한 채 모두 부스러져 버린 걸까. 그 옛날 텅 빈 공간을 꽉 채웠을 엔진 굉음은 다 어디로 사라진 걸까. 이따금 새들의 울음소리만 떠다니는 고요한 대지, 헤아릴 수 없는 조상들의 꿈이 깃든, 여길 어떻게 찍어내란 말인가. 그들의 뜨거웠을 가슴을 제대로 느끼고나 있는 건가. 이 공간을 제대로 해석하고나 있는 건가….'

2019년부터 한국에서 한인비행사양성소 사진을 포함해 국외독립운동사적지 사진전을 여러 차례 개최했다. 그러다 2020년 국회 국정감사에 한 국회의원이 내 작품을 가지고 국가보훈처 감사를 진행했다. 당시 "윌로우스 비행장 터가 공군의 뿌리인데 이렇게 관리해도 되냐"는 질의가 있었다. 사진 한 장이 역사에 대한 사회적 관심을 불러일으키는 촉매 역할을 해낸 순간이었다.

얼마 뒤 정부에서 윌로우스 한인비행사양성소의 정확한 위치 확인 작업을 시작한다. 오래전부터 미국 내 동포들이 이곳에 기념시설을 만들기 위해 노력해왔지만 지지부진하던 차였다. 그렇게 기념관 건립이 급물살을 타게 된다.

그러던 중 한인비행사양성소 교육장을 촬영한 옛 사진 등 귀중한 자료가 미국에서 발굴되고 있다는 낭보가 전해진다. 관심을 갖고 노력을 기울이자 베일에 싸여 있던 역사가 속속 그 모습을 드러내기 시작한 거였다. 그런 노력 덕분에 비행장 활주로 터 위치가 정확하게 확인이 되는 성과가 만들어진다. 물론 기존에 알려졌던, 내가 찍은 길은 아니었다. 난 잘못된 자료를 좇아 생뚱맞은 곳을 촬영했고 그걸 활주로라고 전시를 한 셈이었다. 게다가 그 사진이 국회까지 가 국정감사 자료로 사용되기까지 했다.

아무것도 아닌 사진 한 장이 단초가 돼 진실을 낚아냈다. 부끄럽고 민망한 현실이었지만 이 작업을 계속해야 할 이유와 보람이기도 했다.

윌로우스 한인비행사양성소 교육장

미국에 간
고려인삼

"샌프란시스코에 처음 온 한인은 누구일까?"

알쏭달쏭한 질문이었다. 먼저 떠올린 건 보빙사報聘使였다. 1882년 5월 조선은 서양 국가와 처음으로 조약을 체결하는데 '조미수호통상조약'이 그것이다. 미국은 조약 체결 직후 공사 푸트Foote, L. H.를 조선에 파견한다. 고종을 만난 푸트는 공사 파견에 대한 답례로 미국에 외교사절단을 보내면 어떠냐고 제안한다. 고종도 이를 흔쾌히 수락한다. 그렇게 갚을 보報, 찾아갈 빙聘을 붙여 사절단을 꾸린다. 조선은 미국이 청나라와 일본 등을 견제하는 데 도움이 될 거란 생각을 하고 있었다.

보빙사는 전권대신 민영익, 부대신 홍영식, 종사관 서광범, 수행원 유길준, 고영철, 변수, 현흥택, 최경석 등과 통역 오례당(중국인)

으로 구성된다. 이들은 1883년 7월 16일 제물포를 출발해 경유지 일본에 도착하는데 이때 미국인 퍼시벌 로웰Percival Lowell과 그의 비서 겸 통역관 미야오카 츠네지로가 합류한다. 도쿄에서 약 1개월간 머문 보빙사는 8월 15일 출항해 9월 2일 샌프란시스코에 도착한다. 그리고 다시 대륙횡단열차에 올라 9월 15일 워싱턴에 도착한다. 하지만 미국 대통령 체스터 아서C. A. Arthur가 뉴욕에 있었기 때문에 접견은 18일이 돼서야 성사된다.

이때 재미있는 일화가 만들어진다. 보빙사가 미국 대통령을 예방할 때였다. 그들은 체스터 아서가 코앞에 서 있는데도 누가 누구인지 알아보지 못했다고 한다. 다들 비슷한 양복을 입고 있었기 때문이다. 조선에선 으레 왕이 화려한 의복을 입고 있지 않나. 우왕좌왕하던 보빙사 일행들은 결국 옆에 있던 누군가가 슬쩍 언질을 줘 놀란 눈으로 악수가 아닌 절을 올렸다고 한다.

보빙사는 한 달 남짓 미국에 머무는데 이 기간 동안 박람회 · 공업제조회관 · 병원 · 신문사 · 조선소 · 육군사관학교 등을 둘러본다. 이는 우정총국과 현대식 공립교육기관(육영공원) 설립으로 이어졌고 경복궁에 전기가 들어오고 백열전구가 설치되는 계기가 된다.

보빙사는 무엇을 하든 최초 그 자체였다. 어디를 가든 무엇을 먹든 조선 사람으론 미국 땅에서 모든 게 처음이었다. 보빙사가 조선으로 돌아갈 때 상황도 재밌다. 귀국은 세 갈래로 나눠 이뤄지는데 홍영식 등은 샌프란시스코에서 다시 배를 타고 귀국 길에 오르고 유길준은 홀로 남아 첫 번째 국비 유학생이란 기록을 남긴다.

그리고 민영익, 서광범, 변수 등은 미국 대통령의 권유와 배려로 유럽을 거치는 장도에 오른다. 이들은 대서양, 지중해, 인도양, 동아시아를 지나 1884년 5월 31일 제물포로 귀국한다. 한인 최초의 세계 일주자들이었다. 민영익 일행은 이 여정 중 이집트에서 피라미드까지 보았다고 하는데 기록이 남아 있지 않아 정확한 경로는 알 수 없는 상황이다. 이 밖에도 보빙사는 미국에 처음 태극기를 들고 간 사람들로 기록돼 있다.

처음 질문으로 돌아가보자. 과연 보빙사는 한인 중 미국에 첫발을 내디딘 사람들이었을까. 공식적으로야 그렇지만, 엇비슷한 시기에 미국을 방문했던 다른 사람들이 분명 있었다. 바로 고려인삼 장수들이다. 이들은 1885년 서재필을 따라 샌프란시스코에 처음 건너간 것으로 알려져 있다. 그런데 고려인삼의 세계화는 17세기 초까지 거슬러 올라간다. 당시 고려인삼은 일본을 거쳐 런던까지 가 귀한 대접을 받았다. 한 고려인삼 장수가 보빙사가 미국에 가던 해 실크로드 도시 둔황(敦煌, 현 중국 간쑤성)에서 인삼 무역을 했다는 기록도 있다. 중국은 과거부터 고려 인삼의 가치를 가장 잘 알아주는 나라였다. 고려인삼은 중국인이 있는 곳이라면 따로 설명할 필요 없이 최상품 약재로 인정받아 왔다. 1892년쯤 고려인삼은 중국인삼에 비해 10배나 비싸게 거래됐다.

19세기 말부터 20세기 초까지 중국인들이 대거 샌프란시스코에 이주하게 된다. 이때 고려인삼 상인들은 중국 노동자들 틈에 끼여 미국에 들어와 중국인 거주 지역을 찾아다니며 인삼을 판매한다. 이처럼 고려인삼 장수들은 중국인의 디아스포라에 발맞춰 새로운 판로를 개척해나간다.

1893년 1월부터 9월까지 샌프란시스코 항구 입국 기록에 따르면 이 기간 아홉 명의 인삼 상인이 들어온다. 이들의 국적은 중국인으로 기록돼 있는데 실제론 인삼 상인으로 이름난 임상옥이 태어난 평북 의주 출신이 많았다고 한다. 1903년까지 미국에 드나들던 고려인삼 장수들은 100여 명에 이르는 것으로 알려져 있다. 그들은 진짜 고려 인삼이란 걸 강조하기 위해 미국 땅에서 상투를 틀고 조선 복장을 하고 인삼을 팔았다. 중국인을 상대로 이만한 마케팅 기법이 또 있었을까.

안창호와 관련된 일화도 있다. 1902년 안창호가 샌프란시스코 차이나타운 인근에서 상투를 붙잡고 볼썽사납게 드잡이하는 한인 두 명을 보게 된다. 싸움을 말리고 보니 이들은 고려인삼 장수들이었다. 사전 협의된 판매 구역을 침범했다는 게 시비가 됐다. 당시 샌프란시스코에 머물고 있던 한인들은 30여 명 안팎이었는데 크게 유학생과 고려인삼 장수로 나뉘었다. 이들은 사이가 좋지 못해 서로 헐뜯기 일쑤였다. 이 같은 모습은 안창호가 공부를 중단하고 민족계몽운동에 나서는 데 크게 영향을 미쳤다. 이때 안창호는 고려인삼 장수들의 권익 신장을 위해 노력하는데 중국인삼을 고려인삼이라 속여 파는 불법행위를 근절시키는 한편 적정 가격을 정하고 판매 구역도 주기적으로 바꾸도록 해 한인 상인끼리의 갈등을 줄여나간다.

1903년 9월 22일 안창호가 회장을 맡은 상항(桑港, 샌프란시스코의 음역어) 친목회가 탄생한다. 이는 유학생과 상인들이 합심해 미국 본토에 만든 최초 한인단체인데 여덟 명의 발기인 중 한 명이었던 박영순이 고려인삼 장수였다. 그가 멕시코 메리다 현지에서 동포들의 처참한 상황을 편지로 알린 스토리는 앞서 소개한 바 있다. 안창호가 공립협회를 만들 때도 고려인삼 장수들은 적극 지원에 나서며 독립운동에 기여한다. 그들은 상항한인연합감리교회 설립에도 적잖게 힘을 보탠다.

고려인삼 장수들의 활약은 여기서 끝나지 않는다. 손기정이 베를린 올림픽에서 금메달을 따고 귀국 길에 올라 싱가포르에 도착했을 때, 〈동아일보〉 '일장기 말소 사건'을 처음 듣게 되는데 이 소식을 귀띔해준 사람이 고려인삼 장수였단 인터뷰 내용도 남아 있다.

또 상해에 있던 한인 중 인삼 상점을 차리거나 행상에 나선 사람도 여럿이었다. 이들은 독립운동 연락책 등으로 활약했다. 상해 고려인삼 상회 중에는 해송양행, 금문공사, 원창공사, 배달공사, 삼성공사 등이 대표적이다. 특히 해송양행의 설립자 한진교는 민족교육을 담당했던 인성학교를 설립했고 김규식의 파리강화회의 참석 비용도 지원했다. 윤봉길 의사도 한때 중국에서 인삼 행상으로 활동한 적 있다. 이렇듯 고려인삼 장수들은 이윤을 좇는 상인이자 세계를 연결하는 메신저이자 조국 독립의 밀알이었다.

19세기 말 미국에 진출하기 시작한 인삼 장수들이 보빙사보다 일찍 미국에 갔는지는 확실치 않다. 분명한 건 그들이 선이민자로 미국 이민의 문을 열고 독립운동에 적극이었단 점이다.

그들의 삶에 마음이 동해서일까. 샌프란시스코에 도착하자마자 받은 질문의 답은 보빙사가 아닌 고려인삼 장수였다.

샌프란시스코 공립협회 창립 건물(왼쪽 두 번째)

상항한국인연합감리교회
English Service Sundays at 1PM
Come Join Us!
San Francisco Korean United Methodist Church

상항한인연합감리교회

친일을 쏘다

캘리포니아에서는 운이 좀 따르는 듯했다. 로스앤젤레스에서 기대치 않게 안창호 순국 80주기 추모식에 참석하게 됐는데 샌프란시스코에선 장인환·전명운 의거 110주년(3월 23일)이 며칠 뒤였다. 의거가 있던 샌프란시스코 페리 부두 앞에서 의거 시간에 맞춰 110주년 기념 촬영을 계획했다.

싱그러운 아침 햇살이 페리 부두 앞을 환히 밝혔다. 쾌청하고 선선한 날이었다. 하루를 여는 사람들의 발걸음은 경쾌하고 분주했다. 애국 청년 두 명이 한 친일 미국인을 처단한 현장이라고 하기엔 어딘가 모르게 어울리지 않는 풍경이었다. 그날 의거는 어떻게 시작됐고 어떤 결말로 끝났을까.

1904년 2월, 대한제국은 '제1차 한일의정서'를 강제 체결당한다. 이로 인해 외교와 재정 부문에서 외국인 고문을 채용해야 하는 처지가 된다. 재정 부문에는 일본인 메가타 다네타로目賀田種太가, 외교 부문에는 친일파 미국인 더럼 화이트 스티븐스Durham White Stevens가 각각 고문으로 채용된다. 이들의 급료는 대한제국이 지불해야 했는데 나라를 잡아먹겠다는 사람들의 임금을 우리가 떠맡아야 하는 웃지 못할 상황이었다.

스티븐스는 이토 히로부미의 지령을 받고 1908년 3월 20일쯤 니혼마루日本丸호를 타고 샌프란시스코에 도착한다. 그의 임무는 대한제국 수탈 과정에서 손해 입은 미국 기업가들과 보상 문제 등을 조율하는 일이었다.

스티븐스는 샌프란시스코 도착 직후 페어몬트 호텔Fairmont Hotel에서 기자회견을 열고 "일본이 한국을 보호국으로 삼은 뒤 한국에 유익한 바가 많다"며 "한국 국민은 일본의 보호정치를 환영하고 있다"는 망언을 내뱉는다. 이 소식을 접한 공립협회 등 한인단체들은 최정익, 문양목, 정재관, 이학현 등 4명의 대표를 페어몬트 호텔에 보내 해명과 정정 기사를 요구한다. 하지만 스티븐스는 이렇게 말하며 한인 대표들을 더욱 격분시킨다.

> 백성이 우매하여 조선은 독립할 자격이 없다. 일본이 아니었다면 조선은 벌써 아라사(러시아)에 빼앗겼을 것이다.

결국 한인대표들은 화를 참지 못하고 호텔 로비에 있던 의자를 들어 스티븐스를 구타한다. 이 소식이 한인 사회에 신속히 전파된다. 그러던 중 대동보국회 회원 장인환(1876~1930)과 공립협회 회원 전명운(1884~1947)이 스티븐스가 페리 부두에서 배를 타고 오클랜드로 간다는 정보를 입수한다. 스티븐스는 오클랜드에서 워싱턴행 대륙횡단열차에 오를 계획이었다.

1908년 3월 23일 이른 아침 장인환과 전명운이 페리 부두에서 각자 구해온 총을 숨기고 초조하게 스티븐스를 기다린다. 둘은 이때까지도 서로를 모르는 사이였다. 의로운 청년 둘이 한마음으로 친일파를 처단하기로 마음먹은 영화 같은 상황이었다.

오전 9시 30분 페리 부두 앞에 도착한 스티븐스가 마차에서 내려 걷기 시작한다. 전명운은 이때를 놓치지 않고 총을 꺼내 지체 없이 방아쇠를 당긴다. 불행하게도 총알이 불발된다. 이 모습을 지근거리에서 보고 있던 장인환이 다급히 뛰어와 민족의 원수 스티븐스를 향해 세 발의 총탄을 발사한다. 이 과정에서 전명운도 어깨에 총상을 입는다. 독립운동사 첫 번째 무장항일투쟁으로 기록된 장인환·전명운 의거였다.

장인환은 의거 뒤 다음과 같이 이야기했다.

> 내가 그 사람을 쏜 것은 다름 아니라 금일에 한국이 일본과의 늑약으로 일본은 나의 강토를 다 빼앗았으며, 나의 종족을 다 학살하였는바, 내 이를 통분히 여기는 때문에 스티븐즈를 쏜 것이다. 스

티븐즈라는 사람은 한국에서 고문관으로 있으면서 이등박문과 같이 우리나라를 일본에 보호받게 했고, 그의 불법행위한 것을 숨기려고 미국으로 건너온 것이다. 그는 말하기를 한국정부가 일본정부로부터 지배를 받고 보호를 받는 것이 유익한 일이라고 했다. 한국사람이 일본사람에게 국토를 다 빼앗기고, 남김없이 학살되는 것이 잘 되는 일이냐? 스티븐즈는 한국을 배신, 일본을 도와 한국에서 못된 짓을 자행했으니, 우리나라는 망하고, 나의 종족은 다 학살되니, 내 이 자를 거져 두랴. 그런고로 내 이 자를 죽이고자 하니, 다른 말할 것 없노라.

〈샌프란시스코 크로니클San Francisco Chronicle〉, 1908년 3월 25일 자 보도

병원으로 긴급 후송된 스티븐스는 이틀 후 총탄 제거 수술을 받다 숨진다. 일본은 곧장 그의 죽음을 애도하며 '욱일대수장旭日大綬章'을 수여한다. 욱일대수장은 일본 정부의 여섯 종류 '욱일장' 가운데 가장 높은 등급이다. 여기다 스티븐스의 병원 치료비, 장례비 등은 물론이고 특별은사금까지 하사하기로 한다.

이 사건은 샌프란시스코 지역 신문에 사흘 연속 대서특필된다. 주요 외신들도 본국에 긴급 타전할 정도로 반향이 컸다. 미주 한인 사회도 달뜬 흥분을 감추지 못한다. 장인환·전명운 의거는 국내 의병투쟁의 전환점을 가져왔고 이듬해 안중근 의거에 직간접적으로 영향을 미친다. 미국 등에 산재해 있는 민족운동 단체를 하나로 결집시키는 보이지 않는 성과도 거둔다.

샌프란시스코 장인환 · 전명운 의거지

"살인자를 도울 수 없다"

당시 미국에 있던 한인들은 장인환과 전명운의 변호사를 선임하는 등 지원을 아끼지 않는다. 멕시코, 연해주, 만주 등지에서 동포들이 보낸 성금도 속속 답지한다. 그러면서 미주 한인들은 원활한 재판을 위해 이승만에게 통역을 부탁한다. 하지만 그는 "기독교인으로 살인자를 도울 수 없다"며 이를 거부한다. 이런 논리면 안중근, 윤봉길도 도우면 안 되는 거 아닌가. 결국 통역은 유학생이던 신흥우가 맡는다.

이승만의 당시 행동은 거센 비난에 직면하게 되고 두고두고 독립운동에 대한 진정성을 의심받는 빌미가 된다. 특히 한국인의 정서보다 미국 내 여론을 중시하고 추종하는 종미 성향을 그대로 드러낸 예란 평가를 남긴다.

장인환과 전명운의 변호를 맡은 네이선 코글런Nathan Coughlan은 '애국적 환상Insane Delusion'이란 논리로 "스티븐스 저격은 일종의 정신질환 상태에서 저지른 행위이므로 범죄가 성립될 수 없다"고 변호했다. 반면 일제는 장인환과 전명운을 사형에 처하기 위해 거액의 수임료를 지불하고, 한국어에 능통한 하와이 일본 총영사관 이시카와 서기관까지 재판에 투입한다. 미국에서 독립운동을 뿌리 뽑으려는 안간힘이었다.

그럼에도 전명운은 살인미수 혐의로 구속 기소된 지 97일 만인 1908년 6월 27일 증거불충분으로 무죄 보석 석방된다. 반면 장인환은 1909년 1월 2일 캘리포니아 고등법원 재판에서 '제2급 살인죄'로 25년 금고형을 선고받는다. 이후 동포들은 꾸준하게 장인환의 석방운동을 펼친다. 모범수 생활을 이어가던 장인환은 투옥 10년 만인 1919년 가출옥한다.

그런데 사건 발생부터 일단락까지 과정 중 궁금증이 하나 생긴다. 장인환과 전명운, 그들은 과연 서로를 모르던 사이였을까. 서로를 알지 못했던 청년 둘이 똑같은 시간에 총을 들고 스티븐스를 기다리고 있었다, 너무나 드라마틱하지 않나. 사건 직후 샌프란시스코 경찰은 두 사람이 공모했는지를 놓고 수사한다. 하지만 장인환과 전명운 모두 사전 모의가 없었음을 강력히 주장한다. 경찰은 공모 혐의에 대해선 증거불충분으로 무혐의 결론을 내린다.

하지만 장인환과 전명운은 샌프란시스코 대표 독립운동 단체 대동보국회와 공립협회 회원으로 거사 전부터 서로 알고 있던 사이란 학계의 연구가 있다. 이에 따르면 둘은 스티븐스 척살을 사전 공모했고 의거 당일 페리 빌딩 선박대합소에서 함께 스티븐스를 기다렸다. 의거 뒤 이런 사실이 밝혀지면 형이 늘어나는 것은 물론 전명운까지 중형에 처해질 수 있었다.

서로를 몰랐던 청년 둘이 각자 총을 들고 친일파 미국인을 저격한 의거, 진실을 밝히는 역사학자의 입장과는 별도로 이 신비로운 이야기가 영원히 전설이 됐으면 한다.

투신,

영웅의 최후

재판 이후 장인환과 전명운은 어떤 삶을 살았을까.

장인환은 샌 퀜틴 주립 교도소San Quentin State Prison에서 인간으로선 감내하기 힘든 신체적 고통에 시달린다. 미국 땅에서 백인 남성을 저격했단 사실은 간수들의 미움을 사기 딱 좋았다. 장인환은 담요 한 장 뿐인 추운 감방에 며칠씩 수감되는 등 갖은 가혹 행위와 구타를 당해야 했다. 출옥 후 그의 몸은 만신창이가 돼 있었다. 한동안 아무 일도 할 수 없었다. 갈 곳 없던 장인환은 상항한인연합감리교회에 기거하며 몸을 추스른다. 그런 뒤 주변 권유로 샌프란시스코에서 세탁소를 운영한다.

1927년 고향 평양으로 돌아간 뒤에는 평안북도 선천宣川 대동고아원 후원 사업을 적극 펼친다. 장인환은 여섯 살 때 어머니를 여의고 곧 아버지마저 세상을 떠나면서 고아로 살아야 했던 시절이 있었다.

그러던 중 한 목사의 중매로 결혼을 하게 된다. 하지만 일제의 감시와 괴롭힘을 견디지 못해 다시 미국행 배에 오른다. 샌프란시스코로 돌아온 장인환은 세탁소 사업에 전념하는데 이마저도 병을 얻어 얼마 못 가 중단하고 만다. 병원에 입원한 장인환의 병세는 날로 악화된다. 동포들은 치료비를 모아 환경이 나은 안식교회 위생병원에 그를 입원시킨다. 그럼에도 병세는 호전될 기미가 없었다. 그의 병명은 우울증이었다. 장인환은 더 이상 동포들에게 짐이 될 수 없다며 1930년 5월 22일 병실에서 투신자살한다. 그의 나이 55세 때 일이다.

평생 일본 음식에 손대지 않은 사람

일제는 무죄 선고에도 불구하고 전명운을 감옥에 보내기 위해 눈에 불을 켜고 있었다. 전명운은 자신이 장인환의 재판에 악영향을 줄 수 있다고 판단했다. 두문불출하던 전명운은 1908년 8~9월경 샌프란시스코를 떠나 은밀히 러시아 연해주 블라디보스토크로 향한다. 일제는 이 소식을 뒤늦게 파악하고 화들짝 놀란다. 러시아 정부에 전명운의 신병 인도를 요구하기까지 한다. 또 밀정 등을 통해 연해주 내 그의 활동을 철저히 감시한다.

전명운은 블라디보스토크 한인 거주 지역 개척리에 은신한 채 활동을 이어나가며 독립운동 단체 동의회에 가입한다. 연해주로 갈 때 그의 공식 직함은 공립협회 특파원이었다. 그는 연해주에 공립협회 지회를 설치하기 위해 분주히 노력한다.

당시 전명운의 주소가 안중근의 주소와 같다는 자료가 발견되기도 했다. 실제로 전명운과 안중근은 연해주에서 몇 차례 만남을 갖고 독립운동에 대한 의견을 교환한 것으로 알려져 있다. 이로 미루어 보건대 안중근 의거에 전명운이 어떤 형태로든 영향을 미쳤다고 볼 수 있다. 이토 히로부미가 죽은 직후 일제는 안중근 의거를 '제2의 스티븐스 사살 사건'이라 말하기도 했다. 언론들도 안중근 배후에 전명운이 있다는 추측 보도를 한다.

전명운은 장인환의 재판이 끝나자 유럽을 거쳐 다시 미국에 입국한다. 그때부터 맥 필즈Mack Fields란 이름으로 개명하고 귀화하는데 1920년 결혼, 1남 2녀를 두었다. 하지만 그의 앞날도 그리 순탄치만은 않았다. 1929년 2월 장남 전영덕이 사망한 데 이어 한 달 뒤에는 아내마저 세상을 떠난다. 실의에 빠져 있던 전명운은 로스앤젤레스로 이주해 세탁소를 운영하며 어렵게 살아간다. 그렇다고 그의 항일의식마저 시들해진 건 아니다. 그는 2차 세계대전이 발발하자 환갑을 앞둔 나이에도 불구하고 한인국방경위대에 자원입대한다. 40년간 미국 땅에서 독립운동을 위해 무단히 애쓴 전명운은 한평생 일본 음식에 손을 대지 않았다. 그는 1947년 11월 로스앤젤레스에서 눈을 감는다.

이 긴 이야기의 시작인 샌프란시스코 페리 부두에서 의거 시각 오전 9시 30분에 맞춰 셔터를 눌렀다. 프레임 안에 사람들이 흘러간다. 멈춰 있는 듯한 시간이지만 어느새 페리 부두 시계탑은 그날의 순간을 가리킨다. 1년은 8,760시간이고, 110년은 96만 3,600시간이 흘러야 도달할 수 있다. 세상에 변하지 않는 건 없다란 진리만 변하지 않을 뿐이다. 완벽한 재현은 불가능한 일이다. 아드레날린이 치솟던 그날의 흥분이 같은 날 같은 시간의 기록으로 전해지길 바랄 뿐이다.

서둘러 짐을 챙겼다. 의거는 끝이 났지만 사람들의 기억을 기록해야 했다. 샌프란시스코 한인회로 향했다. 단상 위에는 '장인환 전명운 의사 의거 110주년 기념식'이란 현수막이 붙었다. 가만 보니 낱장 종이에 한 글자씩 출력해 이어붙인 모양이었다. 미간이 움찔댔다. 회관 안을 꽉 채운 사람들은 모두 나이 지긋한 할아버지, 할머니 뿐이었다.

'역사의 쓸모는 정녕 그렇게 종말을 고하는 건가. 96만 3,600시간이 남긴 건 기억의 단절뿐이란 말인가.'

단상 좌우에 자리 잡은 장인환과 전명운 흉상 앞에 섰다. 왠지 망각과 기억이 한참 힘겨루기를 하고 있는 묘한 기분에 사로잡혔다. 샌프란시스코에는 장인환이 세탁소를 운영하던 자리, 그가 창밖으로 몸을 던진 병원 건물, 출소 후 몸을 의지했던 상항한인연합감리교회뿐만 아니라 공립협회 회관 터, 대한인국민회 총회관 건물 등이 남아 있다. 누군가는 발걸음을 계속 이어가야 한다. 그래야 역사의 쓸모는 비로소 빛을 발한다.

샌프란시스코 한인회 전명운 흉상

큰 나를 위해

작은 나를 바치다

샌프란시스코 남쪽 사이프러스 공동묘지Cypress Lawn Cemetery는 장인환 의사가 처음 묻힌 곳이다. 또 샌프란시스코에서 활동하던 많은 애국지사들이 잠들어 있는 장소다.

공동묘지 사무소를 찾았다. 무작정 이 넓은 공동묘지를 다 뒤질 순 없었다. 대략적 위치라도 확인하는 편이 여러모로 작업이 수월했다. 그런데 놀랍게도 찾고자 하는 사람의 이름만 있으면 무덤 위치를 로드뷰로 확인할 수 있었다. 두 눈이 휘둥그레졌다. 여기까지 오면서 이런 첨단 시스템을 갖춘 공동묘지는 한 군데도 없었다.

목적지는 양주은(1879~1981)의 묘소였다. 그는 1879년 개성 인삼장수의 아들로 태어나 1903년 말 하와이 이민 배에 오른다. 3년간 사탕수수 농장에서 일한 그는 1906년 4월 샌프란시스코로 이주한다. 이때 안창호를 처음 만나게 되고 상항한인연합감리교회 창립 신도가 된다.

그리고 2년 뒤 장인환·전명운 의거를 현장에서 직접 목격한다. 살아생전 양주은은 "(당시)동양인은 총을 살 수가 없어서 장인환은 같은 집에 사는 백인의 총을 가지고 나왔고, 전명운은 가짜 총이라고 하지만 진짜 총을 가지고 나왔다"고 말한 바 있다.

양주은은 1913년 안창호가 흥사단을 창립할 때 단원이 돼 독립운동에 본격 투신한다. 단우 번호는 6번이었고 평생 흥사단원으로 활동했다. 그에게 안창호는 영원한 스승이자 벗이었다. 양주은은 이렇게 회고한 적 있다.

> "흥사단 창단에는 큰 뜻이 있었지요. 젊은이나 일반인을 상대로 교육을 하면서 교포 사회를 하나 되도록 했고 나라사랑하는 길을 가르쳐주었지요. 도산 안창호는 미주 한인 사회의 큰 빛이었지요. 하루를 살아도 내 민족과 나라를 생각했고, 언제나 실력 있는 사람이 되자고 역설했어요."
>
> 대한인국민회 기념재단 자료

양주은은 1923년부터 40년간 샌프란시스코 다운타운에서 엉클 샘 레스토랑Uncle Sam's Restaurant을 경영한다. 그는 평생 식당 수익 일정액을 독립자금으로 보탰다. 그러면서 동포들을 돕는 데 앞장선다. 당시 어려움에 처한 한인 중 그의 신세를 지지 않은 사람이 없을 정도였다고 한다. 1936년 5월 임시정부의 이동녕 등이 재정 지원에 감사하다는 서신을 양주은에게 보낸 바도 있다. 해방 후엔 가난한 한인 유학생 등에게 숙식을 무료로 제공한다. 그러면서 상항한인연합감리교회 전도사로 활동한다. 1961년에는 한국을 방문해 평생 모은 〈신한민보〉와 대한인국민회, 공립협회, 대동보국회 주요 자료 등을 국립중앙도서관에 기증, 독립운동사 연구에 일조한다.

이렇듯 그에게 독립운동은 기쁨이었고 어려움에 처한 동포와 유학생을 보살피는 일은 사명이었다. 그는 '의인'이란 단어에 가장 잘 어울리는 사람이었다. 양주은은 1981년 8월 30일 향년 103세로 타계한다. 대한민국 정부는 1974년 양주은에게 국민훈장 모란장을 수여했고 1997년에는 건국훈장 애국장을 추서했다.

그의 묘석은 주변에서 가장 키가 작았다. 거기엔 생몰 연대와 이름 그리고 작은 얼굴만이 새겨져 있었다. 더없이 소박하고 수수한 모습이었다. 앞에 나서길 꺼렸고 뒤에서 돕기를 반겼던 의인, 항상 낮은 데로 임했던, 그는 그런 사람이었고 그의 죽음도 그런 모습이었다. 작은 묘비가 그의 삶을 고스란히 정의하는 것만 같다.

그런데 사이프러스 공동묘지에 묻힌 많은 한인 중 모두 의인만 있는 건 아니다.

계인주란 이름이 새겨진 유독 큰 비석이 눈에 띄었다. 비석 뒤 빼곡하게 적힌 이력 첫 번째 단락 '만주국 사관학교 졸업(4기)'을 보고는 조금 이상한 생각이 들었다. 일제강점기 만주국 주일 대사관 무관직을 거쳐 만주국 제7헌병단에서 근무한 그는 해방 후 동대문 경찰서장을 지냈고, 1949년 김구를 암살한 안두희의 군법회의 배심 심판관이란 이력도 있었다.

그랬던 계인주는 한국 전쟁 발발 다음 날 가족을 데리고 탈영해 헌병대에 붙잡혀 사형 선고를 받는다. 그러다 미군의 요청으로 인천상륙작전에서 'KLO Korea Liaison Office' 부대로 참전, 전쟁 영웅 칭호를 얻는다. 1954년 일본으로 이주해 카페를 운영하며 살다, 1972년 미국으로 이민, 1998년 사망한다. 뭔가 앞뒤가 맞지 않았다. 개운치 않은 뒷맛은 민족문제연구소《친일인명사전》군부문에서 해소됐다. 사전에는 '계인주'란 이름 석 자가 정확히 적시돼 있었다.

일제강점기 한반도 구석구석에서 행정조직을 장악한 친일파 세력이 해방 후 미 군정기에 재등장하지 않았나. '반민족행위특별조사위원회'는 힘없이 스러졌고 그렇게 친일 청산은 요원한 일이 됐다. 역사를 되짚어보면 사이프러스 공동묘지에 있는 계인주의 묘소가 그리 놀랄 만한 발견도 아니었다. 국립현충원에 아직도 친일파와 독립운동가가 함께 잠들어 있는 게 현실이니 말이다.

친일파를 우리 스스로 단죄하지 못한 부끄러운 역사는 끝없이 현실을 괴롭히는 지점이다. 독립군을 때려잡던 만주국 일본군 장교가 대통령이 됐고 이데올로기의 덫에 갇혀 평화를 말하는 사람들이 좌익 빨갱이로 몰려 고통 속에 한 시대를 살았다. 그럼에도 친일파들은 아직도 떵떵거리며 자기 목소리를 내고 있다. 그들은 정치, 경제, 사회, 문화 전반에서 지대한 영향을 미치고 있다. 이젠 그들이 누가 누구인지 제대로 분간하기조차 힘든 세상이 돼버렸다.

우리 역사의 민낯을 발견하자 현기증이 났다. 아직도 말끔하지 못한, 한 번 새겨져 도려낼 수도 없는 과거, 이젠 질곡의 쇠사슬을 끊어내야만 한다. 그래야 후대에게 떳떳하고 당당하게 말할 수 있다. 늦었지만 이제야 이루었노라고.

촬영을 마치고 돌아서는 길 독립운동가 김찬도의 묘비문이 한동안 발걸음을 잡아 세운다.

'큰 나를 위해 작은 나를 바치시다.'

대한민국
김찬
(1907. 4. 18
큰 나(大我
나(小我)를

립유공자
용의 묘
1994. 9. 21)
위해 작은
치시다.

공신력 없는 사진가

미국 동부는 정치적으로 독립운동을 지원했던 곳이다.

뉴욕 롱아일랜드에는 이승만이 시어도어 루스벨트 대통령을 만났던 사가모어 힐Sagamore hill이 남아 있다. 루스벨트가 가장 아꼈다는 대저택이 우리 독립운동 장소였다는 건 쉽게 알 수 있는 대목이 아니다. 대저택 주변 어디에도 이런 내용이 적혀 있지 않으니 말이다. 또 독립운동가 황기환의 묘소도 뉴욕에 있다. 인기 드라마 〈미스터 션샤인〉의 주인공 유진 초이는 황기환을 모델로 했는데 죽음 이후에 대해선 잘 알려진 게 없었다. 뉴욕에 있던 그의 무덤이 다시 발견된 건 10여 년 전 일이다. 이렇듯 뉴욕을 가만히 들여다보면 전혀 예상치 못한 역사의 현장을 발견하게 된다.

샌프란시스코에서 뉴욕행 비행기에 몸을 실었다. 곧 착륙한다는 기내 방송이 흘러나왔다. 잠 묻은 눈을 비비며 창밖을 내려다보니 뉴욕 맨해튼이 발아래였다. 멀리 영화 〈러브 어페어〉에서 아네트 베닝과 워런 비티가 만나기로 한 엠파이어스테이트 빌딩이 우뚝 서 있었다. 이 영화를 찍고 두 배우는 실제로 결혼을 한다. 그래서 그런지 실비단 하늘에서 내려다본 뉴욕 풍경은 퍽이나 로맨틱했다. 귓가에서 엔니오 모리코네가 작곡한 〈러브 어페어〉 OST 피아노 솔로가 연주되는 것만 같았다.

하지만 이런 감상이 산산조각 나는 데까지는 시간이 많이 필요치 않았다. 뉴욕은 건조했다. 사람이 그랬고 풍경이 그랬다. 물가는 또 얼마나 살인적인가.

한국인들이 많이 사는 플러싱Flushing에 숙소를 잡았다. 1인실을 뉴욕 최저가로 쓸 수 있는 '선교사의 집'이었다. 객실이 비어 있으면 일반인도 숙박이 가능하다고 했다. 마침 운 좋게 방을 얻을 수 있었다. 피로가 누적됐는지 침대에 껌 딱지처럼 붙어 있는 날이 며칠 이어졌다. 그러면서 그간 찍은 촬영 데이터를 정리하고 뉴욕 스케줄을 확정했다.

침대에서 찌뿌둥한 몸을 일으켜 뉴욕한인회 사무실을 찾았다. 도움을 받을 수 있는 사람이 없는지 물었다. 한인회 직원은 친절하게 커피 한 잔을 내오며 몇몇 분을 만나보란 이야길 해주었다.

이때 나이 지긋하신 신사 한 분이 한인회에 들어왔다. 사무실 직원은 뉴욕 한인 역사에 대해 잘 알고 있는 분이라고 했다. 정중히 인사를 하고 국외독립운동사적지를 기록하고 있다고 했다. 본인은 국사편찬위원회 관련 일을 하고 있다고 했다. 잘 됐다 싶어 궁금했던 것들을 여쭤보려고 했다. 순간 그가 자리에서 일어나 다른 직원이 있는 곳으로 걸음을 옮겼다. 한인회 내부에 전시물이 새롭게 단장되고 있었는데 먼저 할 일이 있는 듯했다. 천천히 새로 꾸며진 이민사 전시물을 둘러보며 때를 기다렸다.

잠시 뒤 그가 엘리베이터 앞에 섰다. 묻고 싶은 질문은커녕 제대로 작업 취지도 설명하지 못하지 않았나. 그를 따라 건물을 빠져나와 나란히 걸음을 옮겼다.

"어디 후원이 있는 작업인가요?"

"아니요. 개인작업입니다."

"소속 없이 개인작업을 한다고 하면 공신력이 떨어져 보여요."

뒤통수를 세게 얻은 맞은 기분이었다. 그제야 한인회 안에서 그의 행동이 조금 이해가 됐다. 명함이 있어야 하고 거기 적힌 회사 이름이 조금 유명해야 했던 거다. 그도 아니라면 대기업 스폰 정도는 받고 일을 해야 도와줄 만하다고 생각했는지 모르겠다.

"한 독립기념관 직원이 와서 오랫동안 한인회 사무실에서 자료를 찾아가면서 공부한 적 있어요. 그렇게 공부해야 좀 아는 거예요."

아무것도 모르고 덜렁덜렁 찾아온 사람이란 단정이었다. 달리 나 자신을 설명할 방법이 없었다. 궁금했던 걸 묻는 수밖에 없었다.

"3·1혁명 기념식이 열렸던 타운 홀Town Hall 내부를 찍고 싶은데 방법이 없을까요?"

"나도 딱 한 번 아주 어렵게 들어가 본 적 있는데 아무나 들어갈 수 없어요."

공신력 없는 작가가 거길 들어가겠다고, 언감생심이란 뉘앙스였다.

"이승만이 시어도어 루스벨트를 만난 사가모어 힐은 어떤가요?"

"예전에 건물 내부에 들어가 이승만이 선물한 도자기까지 다 본 적 있지요."

몽니 아닌 몽니였다. 비죽이는 입을 앙다물고 질문을 목구멍으로 삼켰다. 그러던 차에 그가 서재필과 이승만에 대해 질문했다. 필라델피아에 가면 서재필 관련 사적지가 여럿이었고 워싱턴엔 이승만 관련 장소가 있었다.

"그럼 필라델피아와 워싱턴도 가나요?"

"아니요. 그쪽은 아직 계획이 없습니다."

"거긴 왜 가지 않죠? 이승만, 서재필을 찍어야 해요. 나쁜 것만 보면 안 돼요. 과過가 있으면 공功이 있는 거죠. 박정희 대통령도 그렇지 않습니다."

그가 재우쳐 말했다. 대화를 접어야 할 타이밍이었다. 상대는 자신이 가지고 있는 걸 전혀 나눌 생각이 없어 보였다. 맨해튼 어디쯤에서 그에게 허리를 굽혀 정중하게 인사를 하고 돌아섰다.

세상을 살다 보면 누군가 도움을 청할 때가 있다. 대부분 내가 알고 있는 지식과 경험을 나누는 일이다. 그럼 내 일처럼 알고 있는 모든 걸 풀어내주면 된다. 아까운 게 아니다. 모든 걸 쏟아내 알려주고, 돌아서 밑천이 떨어진 만큼 더 넓고 깊은 지식을 탐구하고 더 다양한 경험을 쌓으면 될 일이다. 그게 도움을 받는 자, 도움을 주는 자 모두 살길이다. 나를 찾아와 도움을 청한 것만으로도 괜찮은 인생이지 않나. 남보다 먼저 걸어봤다고 우쭐댈 필요 없다. 중요한 건 어제의 나와 다르냐다. 어깨에 힘을 빼고 지식과 경험을 나누길 즐겨라. 그럼 그 나눔이 자신을 또 다른 길로 인도할 거다.

사람을 만나다 보면 저런 삶을 살고 싶다는 생각이 들 때가 있고, 저렇게 살지 말자며 고개를 외틀 때가 있다. 내 삶이 어떤 모습이길 원하나.

건조한 맨해튼 거리, 잠시 어디로 가야 할지 망설여진다. 조금 따뜻한 곳이면 좋으련만.

맨해튼 한복판에 울려 퍼진 만세 삼창

뉴욕! 자유의 여신상, 브루클린, 엠파이어스테이트빌딩, 뉴욕현대미술관, 사진가 앨프리드 스티글리츠Alfred Stieglitz… 머릿속을 채우던 이미지들. 상상하던 것들이 진짜 눈앞에 펼쳐지는 도시는 현실 속 비현실의 공간이었다. 커피 한 잔을 들고 하늘을 찌를 듯한 뉴욕의 으리으리한 빌딩 숲 사이를 거닐었다. 뉴욕은 참 공원이 많은 도시다. 걷다 지치면 벤치에 앉아 건물 사이를 비집고 들어온 햇살을 즐기면 된다. 그렇게 앉아 도시 풍경을 감상하는 것만으로도 퍽 재미가 있다.

설렁설렁 걷다 보니 타임스퀘어였다. 마치 자본주의를 표현한 예술작품 같은 모습, 절로 "와!" 소리가 터져 나왔다. 탐욕이 끊임없이 용솟음치는, 그 어디서도 흉내 낼 수 없는 압도적 위용 앞에 넋이 나간 듯했다. 이글거리는 욕망의 눈이 한시도 쉬지 않고 사람들을 유혹하는 풍경은 마치 돈과 소비의 실체를 보는 듯했다. 쿵쾅거리는 고동 소리가 도시 전체를 들썩이게 만드는 뉴욕의 심장 한가운데 서 있는 느낌은 꽤나 짜릿했다.

한껏 들떴던 마음을 진정시킬 장소가 필요했다. 타임스퀘어에서 그리 먼 거리도 아니다. 딱 두 블록 정도면 된다. 거기에는 경건하고 숙연해지기까지 하는 한국인만을 위한 장소가 기다리고 있다.

웨스트 43번가 뉴욕 타운 홀. 1921년 1월 12일 문을 연 이 극장은 우리 독립운동 역사의 한 페이지를 장식한 장소다. 전혀 예상 밖 아닌가. 맨해튼 한복판에 우리 독립운동사적지라니.

당시 뉴욕에 살던 한인들은 '미국위원회The American Committee' 후원을 받아 1921년 3월 2일 타운 홀에서 3·1혁명 2주년 기념행사를 개최한다. 장내에선 '기미 독립선언서'가 영문으로 낭독됐고 독립운동가 정한경이 기조연설을 했다. 그리고 한인과 미국인들은 손에 손을 맞잡고 "대한 독립 만세! 만세! 만세!" 삼창하며 잃어버린 나라의 독립을 염원했다. 이날 참석 인원은 무려 1,300여 명이었다. 당시 뉴욕에 머물고 있던 한인들은 고작 100여 명 정도였다. 극장을 가득 메운 사람 대부분은 미국인이었다. 어떻게 이런 인파를 모을 수 있었던 걸까. 놀랍기만 한 일이다. 한인들은 이날 행사 열기를 뉴욕한인교회 설립으로 이어나간다.

1922년 3월 2일에도 타운 홀에선 3·1혁명 3주년 기념행사가 개최된다. 서재필은 연설에서 "나는 조선이 썩어서 소생의 가망이 없는 가장 수치스럽고 경멸스러운 나라로 생각했다"며 "하지만 1919년 민중봉기를 통해 변화를 절실히 깨달았다. 조선인들은 빛을 보았기 때문에 어둠 속으로 되돌아가지 않을 것이라 확신한다"고 말했다. 서재필 자신이 미국에서 발간한 영문 월간지 〈코리아 리뷰〉에 이 같은 내용이 남아 있다.

어떻게 이런 장소를 그냥 지나칠 수 있겠는가. 타운 홀을 제대로 촬영해보고 싶었다. 외관만 찍고 돌아서면 두고두고 후회가 남을 것 같았다. 타운 홀 홈페이지를 검색했다. 그리고 조직도를 찾아 매니저에게 메일을 보냈다. 한국인의 역사가 남아 있는 극장 내부를 촬영할 수 있게 해달란 내용이었다. 다음 날 어디에 사진을 사용할 건지 등을 묻는 답장이 왔다. 분위기는 나쁘지 않았다. 성실하게 답을 해 다시 메일을 보냈다.

초조함에 이런저런 시나리오를 그려봤다. 촬영에 돈을 내라고 하면 어쩌나, 사실 비용을 지불하고 찍을 수만 있다면 그것도 나쁘지 않았다. 촬영 시간을 줄 수 없다고 하면, 그럼 공연 티켓을 구입해 들어가는 방법뿐이었다. 물론 원하는 장면을 얻진 못하겠지만 가장 현실적 방법이었다.

습관적으로 메일함을 열어보던 중 영문 제목 메일이 도착해 있었다. 타운 홀이었다. 촬영을 허락한다는 내용이었다. 매니저와 약속한 시간에 맞춰 타운 홀로 갔다. 경비원에게 매니저를 찾아왔다고 하니 그는 오래된 엘리베이터에 동승해 사무실로 날 데려다주었다. 매니저와 인사를 하고 메일로 보낸 촬영 취지를 다시 한 번 설명했다. 그가 한 시간이면 되겠냐고 물었다.

"Of course, Sir!"

안 될 이유가 없었다.

붉은색 의자가 가지런히 놓인 홀 내부는 차분하고 복고적이었다. 2층부터 시작해 1층까지 가만사뿐 촬영을 이어갔다. 서재필이 섰고 정한경이 오른 단상 중앙에서 홀을 내려다봤다.

'객석을 꽉 채운 사람들의 열기가 장내를 뜨겁게 달궜을 그날, 손에 손에는 태극기가 들려 있었을까, 얼마나 큰 함성이 공간을 채웠을까, 만세 삼창하는 그들의 목소리는 얼마나 드높았을까.'

꼬리에 꼬리를 무는 질문을 과거로 보내본다. 셔터 소리가 텅 빈 공간을 때렸다, 사라지기를 반복했다. 이 소리를 100여 년 전으로 보낼 수만 있다면 그들은 더 세차게 태극기를 흔들며 또 그렇게 기뻐했을 텐데.

THE·TOWN·HALL
FOUNDED·BY
THE·LEAGUE·FOR·POLITICAL·EDUCATION
1894 1920
"YE·SHALL·KNOW·THE·TRUTH·AND
THE·TRUTH·SHALL·MAKE·YOU·FREE"

EXIT

EXIT

태평양 사이로

주고받은 메아리

3·1혁명은 어떻게 시작된 걸까. 그 단초가 된 장소가 뉴욕이었다고 하면 뚱딴지같은 소리로 들릴까. 아니다. 뉴욕엔 2·8독립선언의 마중물이 된 장소가 있다. 한인 유학생들이 적의 심장 도쿄에서 우렁차게 외친 독립선언은 잘 알다시피 3·1혁명의 도화선이었다.

맨해튼 엠파이어스테이트 빌딩 인근 한 주상복합아파트는 과거 맥알핀 호텔McAlpin Hotel이었던 곳이다. 이 호텔은 1912년 개업 당시 1,500개 객실을 갖춘 세계 최대 규모였다. 과거 모습을 소롯이 간직하고 있는 이 건물도 뉴욕에 있는 우리 독립운동사적지 중 하나다.

1917년 10월 29일 맥알핀 호텔에선 '소약국민동맹회의The League of Small and Subject Nationalities'가 개최된다. 이 회의를 부르던 명칭은 소약속국동맹회, 약소국동맹회 등 다양했는데 한인들은 소약국민동맹회의라 칭했다. 이 회의는 1차 세계대전 이후 개최될 평화회의와 각종 국제회의에서 약소민족의 입장을 알리는 데 첫 번째 목적이 있었다. 당시 회의에는 박용만 등 하와이 한인 대표들이 참석했다.

1918년 12월 14일, 같은 장소에서 2차 소약국민동맹회의가 개최된다. 이 회의는 파리강화회의 개최 소식에 고무된 체코·폴란드·아일랜드·인도 등이 중심이 돼 급변하는 국제정세 속에서 약소민족의 입장을 대변하는 자리였다. 대한인국민회 중앙총회에선 민찬호와 정한경을, 뉴욕에서 결성된 신한회에서 김헌식 등을 각각 한인 대표로 파견한다. 당시 회의에선 '일본의 조선 합병은 위법'이란 내용을 중심으로 한 12개 항의 결의문이 채택된다.

이런 내용이 연합통신사AP를 통해 세계 각지로 보도된다. 이때 일본 도쿄에서 영국인이 발행하는 〈저팬 애드버타이저The Japan Advertiser〉에 '한인들 독립을 주장', '약소민족들 발언권 인정 요구'란 기사가 실린다. 이 기사를 접한 일본 내 한인 유학생들은 흥분을 감추지 못한다. 2·8독립선언 논의가 급물살을 타며 물밑에서 구체화되기 시작한다.

독립을 염원하는 민족의 평화적 부르짖음은 이렇듯 태평양을 사이에 두고 서로 메아리를 주고받았다. 나라 밖에서 시작된 투쟁의 함성이 고향의 민중을 깨우고 그들이 화답한 환희의 울림이 전 세계 방방곡곡에 있는 동포들을 다시 웅비시켰다. 앞을 가로막고 있던 검푸른 바다와 꽁꽁 얼어붙은 시베리아의 끝없는 대지는 더 이상 장애물이 아니었다. 그들은 은밀하게 소식을 주고받았고, 격하게 뜨거움을 나눴다. 독립운동은 너와 나 그리고 우리 민족의 옹골찬 기상과 굳은 절개가 아직 살아 있음을 멀리 있는 동포들에게 각인시키는 일이기도 했다.

가만히 국외독립운동사를 좇아가다 보면 어느 것 하나 갑자기 불쑥 튀어나온 게 없었다. 결과에는 항상 그럴 만한 원인과 이유가 있었다.

맥알핀 호텔은 참 어려운 대상이다. 마땅히 역사를 소환할 방법이 보이지 않는 경우다. 너무 번듯해 이리 보고 저리 봐도 과거의 기억을 전달할 방법이 전혀 떠오르지 않는, 난감한 현장 말이다. 저길 어떻게 찍어야 하나, 하고 길거리에서 한참을 고민했다. 이때 슈퍼맨 모자를 쓴 남자가 다가왔다. 강대국에 맞서 나약한 나라 국민들이 모여 자주독립을 주장했던 현장. 슈퍼맨이 그렇게 반가울 수가 없었다. 내용을 좀 알고 보면 알파벳 'S'에 피식 웃음이 나는 장면을 남겼다.

사진 한 장으로 역사적 내용을 전부 전달하라는 건 요리사에게 한 가지 음식으로 전 세계 미식의 맛을 모두 표현하란 이야기와 같다. 사진은 거들 뿐이다. 관객에게 잠시 회상의 기회를 준다면 그걸로 준수하게 임무를 달성한 게 된다. 거기다 가슴을 찌르는 무엇, 롤랑 바르트가 '푼크툼(Punctum, 사진 작품을 감상할 때 관객이 작가의 의도와는 관계없이 자신의 경험에 비추어 작품을 받아들이는 것)'이라 표현한

옛 맥알핀 호텔(오른쪽 첫 번째 건물)

PANDORA

느낌까지 전달할 수 있다면 흠잡을 데 없이 좋은 사진일 거다. 하지만 이런 작품은 쉽게 찍히지 않는다.

사진은 이미지다. 태생적 한계가 있다. 시시콜콜 기록하고 싶다면 카메라 대신 펜을 드는 쪽이 낫다. 애초부터 피사체의 생을 하나도 빠짐없이 기록하라고 만들어진 매체가 아니다. 주름의 생성 과정을 일일이 다 보여줄 필요는 없다. 사진의 역할은 주름이 가진 감정을 전달하는 데 있다.

작업 내내 매체의 한계를 인정하고 사진이 할 수 있는 일을 찾으려 했다. 귓가를 '엥엥' 울리는 사진보다 차라리 침묵하는 작품을 찍고 싶었다. 사진은 그 소리 없음으로 과거의 모든 시간을 끄집어내야 한다.

이상한 나라의 앨리스

뉴욕에서 맨해튼만 보고 갈 순 없었다. 교외 여행을 다녀오기로 했다. 맨해튼 동쪽 롱아일랜드로 방향을 잡고 가다 보면 작은 바닷가 마을 오이스터 베이Oyster Bay가 나온다. 이름처럼 굴로 이름난 곳이다. 맨해튼에서 출발하면 드라이브 코스로도 안성맞춤이고 기차여행의 낭만을 느낄 수 있는 장소다.

또 오이스터 베이는 미국 26대 대통령 시어도어 루스벨트(1858~1919)로 유명한 곳이다. 시어도어는 마흔두 살에 권력을 잡은 미국 역사상 최연소 대통령이었다. 재임 기간(1901~1909) 중 많은 업적을 남겼는데 1906년 미국 최초 노벨 평화상을 수상한다.

특히 우리에겐 일본의 대한제국 지배와 미국의 필리핀 지배를 상호 인정하는 '가쓰라-태프트 밀약(1905년 7월)'을 맺은 장본인으로 잘 알려져 있다. 밀약은 1882년 조선과 맺은 '조미수호통상조약'을 완전히 무시한 처사였다. 안타깝게도 대한제국은 이 사실을 까맣게 모르고 있었다. 러·일 전쟁 이후 일제의 침략이 본격화될 당시까지만 해도 고종은 조미수호통상조약 제1조 '거중조정'에 희망을 걸고 있었다. 이는 조선과 다른 나라 사이에 분쟁이 발생하면 미국이 중재에 나선다는 내용이다.

흔히 루스벨트, 하면 32대 미국 대통령 프랭클린 루스벨트(Franklin Delano Roosevelt, 1882~1945)를 떠올리게 된다. 시어도어와 프랭클린, 둘은 먼 친인척 관계다. 시어도어가 우리에게 치명적 조약을 맺은 장본인이라면 프랭클린은 1943년 '카이로 회담'에서 중국의 장제스, 영국의 처칠 등과 함께 국제 사회 최초로 대한민국의 독립을 인정한 인물이다. 한 집안에 원수와 은인이 모두 있는 격이다.

'가쓰라-태프트 밀약'이 체결될 즘 대한제국 상황은 어땠을까. 당시 고종은 나라가 일본에 넘어가는 걸 막기 위해 미국의 도움을 받고자 했다. 그런 와중에 미국인들이 아시아 순방길에 오른다는 소식이 전해진다.

1905년 7월 5일 루스벨트는 80여 명으로 구성된 미국 역사상 최대 규모 아시아 순방 외교사절단을 파견한다. 사절단은 하와이, 일본, 필리핀, 중국 등을 잇는 긴 여정을 계획한다. 훗날 27대 미국 대통령이 된 윌리엄 하워드 태프트William Howard Taft가 단장을 맡는다.

그는 일본에 도착한 뒤, 7월 29일 가쓰라 다로桂太郎 일본 총리대신과 밀약을 맺는다. 밀약 체결 후 태프트는 필리핀으로 향하고 사절단에 포함돼 있던 루스벨트의 외동딸 앨리스 리 루스벨트 롱워스(Alice Lee Roosevelt Longworth, 1884~1980)는 중국 여순에서 배를 타고 9월 19일 제물포에 도착한다. 이때부터 주연 앨리스, 조연 고종의 눈물 없인 볼 수 없는 한 편의 소프 오페라Soap Opera가 만들어진다. 고종의 슬픈 연가는 이랬다.

대한제국은 파격적으로 환영식을 준비하는데 먼저 앨리스 일행을 위해 제물포로 고종의 전용 열차를 보낸다. 당초 계획에는 기병대 사열과 예포 발사가 포함돼 있었다. 국빈 대접을 하겠단 뜻이었다. 하지만 미국에 대한 지나친 관심이 부담이었던 일본의 반대로 계획은 무산된다.

앨리스가 서울에 도착하자 황실 악단이 미국 국가를 연주한다. 거리 곳곳엔 성조기가 바람에 흩날렸다. 미국 공주를 보기 위해 밀물처럼 쏟아져 나온 백성들이 분위기를 뜨겁게 달궜다. 이런 환대 속에 앨리스는 황실 가마를 타고 미국 공사관에 여장을 푼다.

9월 20일 덕수궁 중명전에서 고종이 앨리스 일행을 초대해 오찬을 연다. 당시 21살이었던 앨리스는 이 자리에 먼지를 나풀나풀 날리며 예복이 아닌 승마복을 입고 등장한다. 대한제국의 예법으론 있을 수 없는 일이었다. 심지어 그녀는 고종 앞에서 시가까지 뻐끔거리는 무례를 범했다. 이 오찬은 고종이 외국 여성과 처음으로 마주하는 자리이기도 했다.

그녀의 기행은 이게 끝이 아니다. 고종이 앨리스 일행을 명성황후가 묻힌 홍릉으로 초대한다. 이 연회는 매우 이례적이었다. 고종은 명성황후가 일본 낭인들에게 시해당한 사실을 알리고 싶었던 것 같다. 그런데 앨리스는 사악한 기운을 막아준다는 석물 위에 올라타 기념사진을 찍는다. 모두 경악을 금치 못한다. 그녀는 고종의 기분 따위는 안중에도 없었고 홍릉으로 초대한 이유에 대해서도 전혀 관심이 없었다. 미국인들마저 이 모습에 눈살을 찌푸릴 정도였다. 파격의 파격으로 극진히 대접받던 앨리스 일행은 10월 2일 부산에서 배편으로 대한제국을 떠난다.

그녀의 오만방자한 행동은 어디서 비롯됐을까. 앨리스는 미국과 일본의 밀약에 대해 아렴풋하게라도 알고 있었을 가능성이 크다. 당시 두 나라간 힘의 역학 관계로 보면 미국에게 대한제국은 버리는 마馬에 지나지 않았다. 그녀는 힘없는 나라 황제를 철저히 농락하며 무시했고 얕잡아 봤다. 그럼에도 대한제국은 아무것도 모른 채 앨리스를 극진히 대했다. 허망한 희망이었다. 참 딱한 풍경이지 않나. 멀어버린 귀, 어두워진 눈을 그냥 놔둔 대가를 톡톡히 치른 셈이지 않나. 천방지축 앨리스의 경거망동은 대한제국이 처한 현실의 방증이었다.

정상적 외교관계에서 앨리스 같은 인물을 사절단에 포함시키는 건 큰 모험이다. 그럼 루스벨트는 무슨 생각이었을까. 누구보다 그녀의 성격을 잘 알았을 텐데 말이다. 당시 '가쓰라-태프트 밀약'은 미국 의회 승인 없이 추진된 일이었다. 내용이 알려지면 큰 논란을 불러올 수 있었다. 루스벨트는 딸을 활용해 세간의 이목을 다른 곳으로 돌려 밀약의 보안을 유지하려고 했던 건 아니었을까. 앨리스의 견문도 넓혀줄 겸. 만약 그랬다면 앨리스의 대한제국 방문은 쇼에 지나지 않았단 이야기가 된다.

앨리스가 떠나고 한 달하고 보름 뒤인 11월 17일 일제는 이완용 등 친일 매국노를 앞세워 을사늑약을 체결한다. 대한제국 백성 대부분이 억장을 부여잡고 울부짖던 그 순간, 미국은 가장 먼저 공사관 문을 닫아버린다. 힘없는 왕과 백성을 우롱한 유감스러운 결말이었다.

오이스터 베이에는 루스벨트가 별장 겸 집무실로 썼던 사가모어 힐이란 대저택이 남아 있다. 루스벨트는 더위를 피해 사가모어 힐을 '여름 백악관'으로 사용하기도 했다.

그런 대저택이 한국인에게는 독립운동 현장이 된다. 1905년 8월 4일 청년 이승만, 윤병구가 루스벨트를 예방한 장소가 바로 이곳이다. 당시 이승만의 나이는 30살이었고, 윤병구는 25살이었다.

이승만, 윤병구가 루스벨트에게 준비해간 청원서를 내민다. 러·일 강화회의에서 미국이 중재해 대한제국의 주권을 보장해달란 내용이었다. 근거는 휴지조각이 된 '조미수호통상조약'이었다. 불과 엿새 전 '가쓰라-태프트 밀약'을 체결한 루스벨트는 청원서를 내려다보며 무슨 생각을 했을까. 이승만과 윤병구는 루스벨트 앞에서 눈뜬 장님이나 마찬가지였다. 미국은 애초부터 대한제국을 도와줄 생각이 전혀 없었다. 한인 대표로 찾아온 이승만과 윤병구와의 만남은 앨리스가 대한제국을 방문했던 것처럼 쇼에 불과했다.

루스벨트는 이들에게 고작 30분 정도를 썼을 뿐이다. 그는 이승만, 윤병구가 내민 청원서를 워싱턴 대한제국 공관을 통해 국무성에 제출해달라고 한다. 도와줄 생각이 없으니 청원서를 직접 받을 이유도 없다는 우회적 거절이었다. 급기야 워싱턴 공사관 대리공사 김윤정이 일제 지령에 따라 청원서 전달을 거부하기까지 한다. 참고로 김윤정은 기울어져 가는 나라를 배반하고 주미 대한제국 공사관을 폐쇄한 인물로 일제강점기 내내 고위 관료를 지내며 호의호식한 친일파다.

이 만남으로 가장 이득을 본 건 대한제국도 미국도 아닌 이승만이었다. 서른 살에 미국 대통령을 만난 사실 자체만으로 그는 엄청난 정치적 수혜를 얻게 된다.

사가모어 힐 저택 앞에는 왕벚나무 두 그루가 심어져 있다. 그런데 알고 보니 이 나무는 미·일 수교 50주년을 기념해 일본이 선물한 거라고 한다. 사가모어 힐을 거닐면서 전혀 인식하지 못했던 사실이었다. 눈 뜬 장님이 또 한 명 있었다.

무릇 역사는 매번 아름다운 풍경 속에 숨은 이야기를 꽁꽁 감춰 놓는다.

오이스터 베이 사가모어 힐 입구

북극해에서
온 전보

수소문 끝에 뉴욕 한인교회 장철우 목사와 통화가 됐다. 며칠 뒤 뉴욕 플러싱에서 그를 만났다. 장철우 목사는 기록엔 있으나 묘소를 찾을 수 없던 숨은 독립운동가 황기환(?~1923)을 지난 2008년 다시 세상에 등장시킨 장본인이다. 뉴욕에서 영면에 들었던 황기환에게는 어떤 사연이 있는 걸까. 그는 어쩌다 잊혀진 독립운동가가 됐을까. 그는 누구이고, 어떤 일을 한 사람일까.

1차 세계대전 이후 27개국이 전후 처리 협상을 위해 파리에 모여 파리강화회의를 개최한다. 미국 윌슨 대통령은 협상 원칙으로 '민족자결주의'를 내세운다. 소약속국들은 자주독립에 대한 희망을 키워나간다.

1919년 2월 1일 신한청년단 대표 김규식(1881~1950)이 파리강화회의 참석을 위해 상해를 출발한다. 김규식이 일제의 방해공작을 뚫고 파리로 향하던 중 3·1혁명이 일어난다. 40여 일 만에 파리에 도착한 그는 3·1혁명 소식에 고무돼 강대국들에게 우리의 자주독립을 주장하기 위한 본격 준비에 들어간다.

하지만 파리 인근 베르사유 궁전에서 5개월 동안 회의가 열렸지만, 우리의 독립은 한마디도 거론되지 않았다. 파리강화회의는 철저하게 승전국 입장에서 패전국 처리를 논의하는 자리였다. 윌슨의 민족자결주의도 패전국 식민지에만 적용되는 논리였다. 일본은 승전국 입장이었다.

특히 일제는 회의 기간 프랑스 내에서 한인들의 독립운동에 촉각을 곤두세우며 방해공작을 일삼는다. 당시 프랑스 주재 일본 대사관은 평화회의 폐회 때까지 일본 여권이나 외교관원 혹은 영사 직원이 발급한 사증을 소지하지 않은 한인의 입국을 금지해달란 공문을 프랑스 정부에 보내기도 했다. 한인들의 회의 참석을 원천 봉쇄하겠다는 뜻이었다. 70여 명의 대규모 회의단을 파견한 일본의 힘 앞에 우리가 할 수 있는 건 많지 않았다.

얼마 뒤 상해 임시정부가 설립된다. 곧장 김규식이 외무총장에 임명되고 평화회의 대한민국위원 겸 파리 현지 주재위원으로 선임된다. 김규식도 임시정부의 지원에 발맞춰 파리에서 홍보 선전 활동을 지속한다. 그러다 그해 8월 미국으로 이동해 구미위원부 위원장으로 활동을 시작한다.

파리위원부는 이관용이 위원장 대리를 잠시 맡다, 황기환이 서기장 겸 위원장 대리로 활동을 이어나간다.

황기환은 평안남도 순천 출신으로 10대 후반이던 1904년 하와이 이민 길에 올라 1917년 미군으로 1차 세계대전에 참전한다. 유럽 전장에서 주로 부상자 구호 등을 담당했는데 당시 국내 신문에 '정의와 사랑'을 신조로 황기환이 전선에서 활약하고 있다는 내용이 실리기도 했다. 1918년 11월 전쟁이 끝난 뒤 황기환은 김규식을 만나게 되고 그의 권유로 임시정부 파리위원부 서기장이 된다. 이 기간 그는 베트남 독립운동가 호찌민 등과 교류하며 소약속국의 독립운동 방안을 모색해나간다. 당시 김규식, 조소앙 등 임시정부 인사들은 호찌민 등과 폭넓게 교류하며 독립운동 방안에 대해 의견을 교환하고 우의와 협력을 다진다. 그러던 중 파리위원부에 전보 한 통이 날아든다.

> "우리 임시정부의 상황을 알려주시길 바랍니다. 러시아 북부의 임시정부와 러시아 북부에 있는 모든 세력 단체들, 우리들은 무엇을 해야 할지 모르겠습니다. 노동자들은 애타게 기다리고 있습니다. 자유 한국 만세, 한국 독립 만세! 평화회의 만세! 만세! 만세!"
>
> 무르만스크Murmansk에서 리첸코Licenko

북위 69도, 러시아 최북단 부동항 무르만스크, 거기서 날아든 대한 독립 만세. 이게 어찌된 일일까. 상황을 알아보니 당시 무르만스크에는 철도 공사 노동자로 일하고 있던 한인 500여 명이 머물고 있었다. 1919년 10월 이들 중 홍재하 등 200여 명이 영국군을 따라 에든버러에 도착한다. 이 소식을 들은 임시정부 파리위원부는 서둘러 황기환을 영국에 급파한다.

당시는 영국과 일본이 동맹을 맺고 있던 시절이었다. 영국인들도 이런 국제 관계를 의식한 듯 한인들을 일제 치하의 땅으로 돌려보내려고 했다. 설상가상 프랑스 또한 동양인 노동자의 입국에 호의적이지 않았다. 모든 상황과 여건이 불리하게 돌아가고 있었다.

그럼에도 황기환은 백방으로 뛰며 동포들을 일본 식민지로 돌려보내지 않으려 애쓴다. 또 프레더릭 아서 매켄지Frederic Arthur McKenzie 영국 〈데일리메일〉 기자 등을 상대로 일제의 잔혹함과 독립운동의 정당성을 설득해나간다. 1920년 매켄지 기자가 발표한 《Korea's Fight for Freedom(한국의 독립운동)》이란 책은 이런 노력의 결과다. 황기환은 또 매켄지 기자와 함께 1920년 10월 26일 '대영제국 한국친우회韓國親友會' 결성이란 성과를 남긴다.

그는 영국과 프랑스 양국 정부를 오가며 설득에 설득을 거듭한 끝에 한인 35명을 프랑스로 데리고 나오는 데 성공한다. 안타깝게도 영국에서 프랑스로 나오지 못한 한인들은 배편으로 중국을 거쳐 제물포로 돌아간다.

잠시 프랑스로 간 한인들의 삶을 돌아보자. 이들은 중부 마른 지방 쉬이프Suippes에 정착한다. 이 지역은 1차 세계대전 중 독일군과 치열하게 전투를 벌인 전략적 요충지였다. 그런 탓에 도시는 완전히 잿더미로 변해 있었다. 건물은 모두 파괴됐고 여기저기 시체가 나뒹구는 상황이었다.

한인들은 참혹한 전쟁의 상흔을 하나씩 복구하며 쉬이프를 재건해나간다. 먹을 게 풍족하지 못해 항상 배를 곯아야 했고 벌판에서 웅숭그리며 잠들어야 하는 고된 나날이었다. 그런 와중에도 한인들은 1919년 11월 19일 쉬이프에서 재법한국민회(프랑스 한인회)를 조직한다. 그리고 파리위원부에 독립자금을 보태기 시작한다. 시체를 치우고 건물 잔해를 나르며 번 돈이었다. 1919년 12월부터 이듬해 6월까지 그들이 보낸 성금은 총 6,000프랑에 이른다. 이는 당시 파리 노동자들의 한 달 수입 4분의 1 이상을 기부해야 모금할 수 있는 금액이다.

프랑스의 한인들은 1920년 3월 1일 태극기를 흔들며 3·1혁명 1주년 기념식까지 치른다. 자기 몸 하나 간수하기 어려웠던 상황에서 재법한국민회를 이끈 인물은 홍재하(1898~1960)였다. 김규식과 황기환이 프랑스를 떠난 뒤 묵묵히 조국 독립을 위해 노력한 숨은 독립운동가가 바로 그다.

홍재하는 경기도 양주군 출신으로 1913년 만주를 거쳐 러시아로 가 노동자로 일한다. 그러던 중 볼셰비키 혁명의 소용돌이를 피해 북극해 끝자락 무르만스크로 피난한다. 그는 재법한국민회 결성에 중추적 역할을 담당했으며 2대 회장을 지낸 것으로 알려져 있다. 무르만스크에 있던 한인 중에는 김주봉이란 인물도 있었다. 독립신문

1920년 5월 11일자 기사에 따르면 그는 프랑스에서 열린 3·1혁명 1주년 기념식에서 처음으로 연설한 사람이다.

하지만 무르만스크에 있던 많은 한인들이 어떤 연유로 그곳까지 갔고 또 그들이 누구인지는 거의 알려진 게 없는 실정이다.

우리 정부는 지난 2019년 '3·1운동 및 대한민국 임시정부 수립 100주년'을 맞아 홍재하에게 건국훈장 애국장을 추서했다. 그가 죽은 지 59년 만의 일이었다.

그대여 다시 반짝여라

황기환은 1921년 이승만, 서재필 등을 돕기 위해 프랑스에서 미국으로 건너간다. 그리고 2년 뒤인 1923년 4월 18일 뉴욕에서 갑작스럽게 심장마비로 파란만장한 생을 마감한다. 그의 나이 마흔 살 즈음 일이었다. 그는 결혼을 하지 않아 유족이 없었다. 장례는 동포들이 지켜보는 가운데 뉴욕 퀸스 마운트 올리벳 공동묘지Mount Olivet Cemetery에서 치러졌다. 그를 찾는 발걸음은 시간이 갈수록 잦아들었다. 그렇게 사람들의 뇌리에서 또 한 명의 독립운동가가 서서히 지워졌다. 결국 기록에는 존재하나 그의 묘지가 어디 있는지 알 길 없는 세상이 왔다. 망각과 무관심이 만나 화학반응을 일으키면 이토록 무서운 결과를 만든다. 보이지 않고 느끼지 못하는 순간들이 쌓여 그렇게 우리의 기억과 역사는 지워진다.

2008년 뉴욕한인교회 장철우 목사는 오래된 교인명부에서 황기환이란 이름을 발견한다. 뉴욕한인교회는 미국 동부에서 독립운동의 성지 같은 곳이다. 그랬던 교회 명부에서 발견한 독립운동가 황기환의 흔적. 장철우 목사는 곧바로 교회 청년들과 그가 묻혀있다는 공동묘지를 샅샅이 뒤지기 시작한다.

황기환, 서울에서 출생, 1923년 4월 18일 사망, 장지 GRAVE NO. 2484 IN PLOT WESTLAWN, MOUNT OLIVET CEMETERY

"한 줄 한 줄 무덤을 확인하는데 '대한인 황긔환지묘'라고 적혀 있는 비석을 발견하게 된 거죠. 아이고 그 순간 기분이 어땠겠어요. 떨듯 기뻐 벅차오르는 감정을 주체할 수 없는 지경이었죠. 황기환 묘소 주변에는 독립운동가 염세우가 잠들어 있고 뉴욕에서 비석 하나 쓸 수 없던 어려운 형편의 무연고자 한인 무덤도 여럿이예요."

그가 아이처럼 신나 말했다. 왜 아니겠는가, 칠흑 같은 어둠 속으로 사라진 황기환을 무려 85년 만에 다시 살려낸 순간이지 않나. 한 노목사의 도타운 애정과 관심이 만든 작은 기적이었다.

장철우 목사는 날을 잡아 황기환의 묘소까지 직접 안내하겠다고 했다. 그의 식지 않은 열정에 감동했고 따뜻한 마음에 감사했다. 하지만 팔순이 넘은 노목사에게 길잡이를 부탁하는 상황이 영 내키지 않았다. 그는 이미 아무나 할 수 없는 아주 훌륭한 일을 하지 않았나, 혼자서도 충분히 황기환의 묘소를 찾아갈 수 있었다.

공동묘지 사무실을 찾았다. 내부는 소슬하고 어두침침했다. 마치 호러 영화에 나올 법한 분위기였다. 170여 년이나 된 공동묘지 분위기로는 이만한 곳이 없어 보였다. 사람이 들어온 것도 모른 채 게슴츠레 눈을 뜨고 돋보기 아래서 뭔가를 열심히 찾는 여직원이 보였다. 괜스레 헛기침이 나왔다. 그녀가 천천히 돋보기를 벗고 안내데스크로 걸음을 옮겼다. 황기환의 묘지 사진을 보여주며 위치를 물었다. 그녀는 잠시 기다리라는 말을 한 뒤 천천히 먼저 하던 일을 끝냈다. 그리고 사무실 깊숙한 곳에서 수북이 먼지 쌓인 매장 기록지를 가져 나왔다. 누렇게 변색된 너덜너덜한 기록지는 족히 100년은 돼보였다. 마치 그 모습이 영화 〈해리 포터〉에 나오는 두꺼운 마법 책 같아 보였다. 컴퓨터 파일도 아니고 짐짓 저기서 황기환의 흔적을 찾을 수 있는 건지, 고개가 갸웃거려졌다.

그녀가 사진을 다시 보여달라고 했다. 그런 뒤 한참 기록지를 넘기더니 손가락을 짚어가며 시선을 아래로 옮겼다. 그리고 전혀 알아볼 수 없는 글씨체 한가운데서 정확하게 황기환의 이름을 찾아냈다. 그리곤 큰 지도 위에서 위치를 짚어주었다.

희끗희끗 잔설이 남아 있는 소연한 공동묘지 끝자락. 모걸음질하며 비석들을 하나씩 확인해나갔다. 장철우 목사의 말대로 중간중간 비석 없는 묘지 터도 보였다.

그러다 정말 '대한인 황긔환지묘 민국오년사월십팔일영면 EARL K. WHANG BORN IN KOREA DIED APRIL 18. 1923'이라고 두 줄로 쓰여 있는 50센티미터도 안 돼 보이는 작은 비석을 발견했다.

황기환이 남몰래 한 세기 가까이 잠들어 있던 장소였다.

"아이고! 선생님, 여기 계셨군요?"

나도 몰래 낮은 목소리로 되뇌었다. 절을 두 번 올렸다. 긴 외로움과 사투하던 한 영웅과의 만남이었다. 설움이 올라와 목 안 여기저기에 엉겨 붙기 시작했다. 왈칵 감정이 쏟아져 나올 것 같아 꿀떡꿀떡 침을 삼켰다.

침묵을 말벗 삼아 오랜 시간 묘지를 지키고 있던 황기환, 그가 정말 망각의 깊고 어두운 터널을 뚫고 내 앞에 있었다. 구슬프게도 하늘마저 잔뜩 흐려 내가 흘려야 할 눈물을 대신 쏟아낼 것만 같았다. 스트로보 빛을 보내 그의 생을 다시 반짝이게 만드는 것, 이 순간 내가 할 수 있는 최고의 추모였다.

"그대여 다시 반짝여라."

ANDRON

EARL K. WHANG
BORN IN KOREA
DIED APRIL 15

풀벌레 우는 언덕에서

장철우 목사가 뉴욕한인교회 예배에 참석해달라며 연락을 했다.

1921년 3·1혁명 타운 홀 행사 이후 한인들이 뜻을 모아 뉴욕한인교회를 설립한다. 이 교회는 뉴욕 인근에 살던 한인들의 종교적 안식처이자 독립자금 모금 창구였다. 그러다 보니 교회는 자연스레 사랑방까지 겸하게 된다.

1927년 현재 자리로 이전한 교회 3층과 4층에선 서재필, 조병옥, 이승만 등이 숙식을 하기도 했다. 해방 전후엔 한인회·학생회·동지회·흥사단 등 각종 단체들 집회와 일시 주거지로도 활용됐다.

뉴욕한인교회는 안익태(1906~1965)가 애국가를 완성할 때 사용했던 피아노를 보관 중이기도 하다. 하지만 애국가 작사자로 알려진 윤치호와 작곡가 안익태 모두 안타깝게도《친일인명사전》에 이름이 올라있다. 최초로 한글 타자기가 만들어진 곳도 뉴욕한인교회다. 한글 타자기의 효시는 1914년 이원익이 영어 타자기를 개조하면서 부터인데 뉴욕한인교회 송기주·김준성 목사 등에 의해 꾸준히 보완, 개발됐다.

촬영 당시 뉴욕한인교회는 노후화로 인해 내외부 공사가 한창 진행 중이었다. 운이 없게도 촬영이 불가능했다. 예배는 공사가 끝날 때까지 인근 교회에서 진행한다고 했다. 예배 광고 시간이었다. 이용보 담임목사가 전 세계를 돌며 독립운동사적지를 기록하고 있는 분이 예배에 참석했다며 잠시 일어나 달라고 했다. 장철우 목사가 언질을 한 모양이었다. 겸연쩍은 상황이었지만 슬며시 일어나 교인들의 박수를 받았다. 예배가 끝나고 장철우 목사가 이용보 담임목사와 그의 부인 김명래 사모를 소개했다.

"독립운동 사진을 찍고 계세요? 저희 어머니가 독립운동가 후손인데요. 할아버지가 청산리 전투에 참가했었어요."

김명래 사모가 말했다. 눈이 번쩍했다. 중국도 아니고 뉴욕에서 청산리 전투란 단어가 튀어나올지는 정녕 몰랐다. 게다가 뉴욕에서 어머니와 함께 살고 있다고 했다. 조심스레 어머님을 만날 수 있냐고 물었다. 그녀는 예배가 끝났으니 같이 집으로 가자고 했다.

"엄마, 여기 독립운동 때문에 손님이 오셨어요. 좀 나와 보세요."

"아이고, 그래요. 우리 아버지가 청산리 전투에 참가했었죠."

이 말을 끝으로 팔순의 이춘덕 여사가 하염없이 눈물을 흘린다.

이우석은 청산리 전투 마지막 생존자로 알려진 인물이다. 그는 3·1 혁명 후 만주로 가 독립군이 되는데 김좌진 장군이 이끌던 북로군정서 분대장으로 청산리 전투에 참가한다. 1921년에는 '자유시 참변' 현장에서 죽을 고비를 넘기며 도망쳐 살아남는다. 만주에서 독립운동을 이어나가던 그는 1930년대부터 광복까지 농사를 지으며 평범하게 살아간다. 이춘덕 여사는 이때 만주에서 태어난 차녀다.

해방 직후 서울로 돌아왔지만 먹고살 길이 막막했다. 엿장수, 장난감장수로 장을 전전하다 이도 여의치 않으면 서울역에서 지게를 지고 생계를 이어나갔다. 한국 전쟁이 발발하고 그해 겨울 아내가 영양실조로 세상을 떠난다. 피난길에서 맞은 초상이었다. 이우석은 궁핍한 삶 속에서도 자신이 독립군이었단 사실을 입 밖에 잘 내지 않았다. 그러던 1984년 한 국사편찬위원이 이우석과의 대화를 정리해《한 독립군병사의 항일전투(박영석 저)》란 책을 발간하면서 그의 과거가 세상에 알려진다. 이우석의 딱한 사정을 전해들은 코미디언 이주일이 그를 양아버지로 모시기도 했다.

"미국까지 와 자식한테 얹혀사는 삶이 너무 초라해요. 아버지의 독립운동이 가족에게 남긴 게 도대체 뭐냐고요. 예전에는 우리 아버지가 참 훌륭한 분이란 자부심 하나로 살았어요. 그런데 점점 그게 아닌가 봐요."

애써 눈물을 훔치며 떠듬떠듬 아버지 이야기를 잇던 이춘덕 여사가 다시 서럽게 울기 시작했다. 속 깊은 곳에서 한탄 가득한 날숨이 올라왔다. 울대가 울렁거렸다. 질문을 이어나갈 수도, 그렇다고 자

이우석의 후손 이춘덕

리에서 일어날 수도 없었다. 단지 슬픔을 나눠 조금이라도 빨리 이 눈물이 증발됐으면 했다. 그녀가 다시 말을 이었다.

"독립운동, 소리만 나오면 이렇게 눈물이 나는 걸 어째요. 이거 미안해서…."

이우석은 한국 전쟁에서 첫 번째 부인을 여윈 뒤 전쟁이 끝나고 재혼해 아들을 낳았다. 아버지가 돌아가시고 후손에게 돌아가는 유공자 혜택은 현재 둘째 부인이 낳은 아들이 이어받고 있다. 그때는 법이 그랬단다, 수령자가 아들이여만 한다고.

이 여사의 한스러운 눈물이 무엇 때문인지 조금은 알 것 같다. 유공자 지원을 받고 안 받고의 문제가 아니다. 이건 나라를 위해 모진 역경을 함께 견딘 자의 외로움과 서글픔 그리고 상실감의 차원이다. 이제 소원은 만주의 고향 땅을 한번 가보는 게 전부다. 그런데 이도 쉽지 않다. 기억하고 있는 지명이 정확하지 않고 지형이 바뀌어 고향을 찾을 수 있단 보장이 없다. 무엇보다 노구가 발목을 잡는다.

후손 촬영이 어디 의욕만 가지고 되는 일인가. 때론 눈물이 앞을 가려 촬영이 힘들 때도 있고 감정이 벅차올라 한참 숨을 골라야 했던 적도 많았다. 그들의 눈물을 마주할 때면 매번 상처에 소금을 뿌린 듯 가슴이 쓰리고 화끈거렸다.

촬영이 잘되지 않는 날이었다. 삼각대 위에 카메라를 올리고 줄곧 찍어온 흐릿한 상은 엄두도 못 냈다. 대신 이춘덕 여사와 함께 울고 이야길 나누고 그리고 그녀가 차려준 저녁 한 끼를 맛있게 먹고 돌아섰다. 그날은 그랬다. 사진 한 장을 더 찍는 것보다 한 독립운동가의 후손 이야기를 귀담아듣고 동감하는 게 내가 해야 할 일 같았다. 그걸로 위안이 될 수 있다면 족한 날이었다.

이춘덕 여사를 만나고 1년 뒤 대한민국역사박물관에서 촬영한 내용을 전시할 기회가 있었다. 전시장 한쪽에 이춘덕 여사의 사진을 걸었다. 그리고 그 작품을 보고 간 김명래 사모가 나중에 이춘덕 여사의 말을 전해주었다.

"어머니가 이제 한이 조금은 풀린 것 같다고 말씀하셨어요."

그래, 이젠 그랬으면 좋겠다.

또 1년이 지났다. 뉴욕에서 연락이 왔다. 이춘덕 여사가 암 투병 끝에 돌아가셨다는 비보였다. 내가 찍은 사진을 영정사진으로 쓰고 싶다고 했다. 몇 장을 추려 보냈다. 얼마 뒤 고인은 한 줌 재가 돼 충남 세종시 한 선산에 모셔졌다. 무더위가 기승을 부리는 7월 어느 날이었다. 그녀의 마지막을 기록했다. 소임을 다한 것 같았다. 우린 이런 인연이었나 보다.

한 서린 마음 목덜미 타고 스미던 냉기 어린 기억. 모두 풀벌레 울음과 함께 묻혔으면, 그렇게 아버지를 만나 이젠 괜찮다고 아프지 않다 말했으면, 거기서 푸른 언덕을 날아 행복했노라 노래했으면 그리고 매양 활짝 웃었으면.

그저 풀벌레 우는 무더운 여름날.